ング

魂の現実性《リアリティー》

河合俊雄

岩波書店

まえがき

カール・グスタフ・ユングは、フロイトから袂を分かって個人を超えた無意識を強調して、独自の心理学、心理療法の理論をうち立てた。個人的な人間関係や因果関係に還元せず、イメージの象徴性を捉えようとするアプローチの仕方のために、心理療法に限らず、文学、宗教、芸術など、様々な分野に影響を与えている。

ところがユングに関しては、熱狂的な読者や信奉者が多い反面、その神秘主義的で非合理的なところには疑問を感じる人も多いのではなかろうか。そのせいか、ユングは有名であるけれども、ヨーロッパやアメリカでは、アカデミックな世界であまり取り上げられていない。日本は少し例外であるけれども、奇妙な分裂した状況がユングに関しては見られる。

しかしユングが超心理学、錬金術、宗教など、神秘主義的に思えることを取り上げざるを得なかったのは、どこまでも自分の触れていた魂の現実性《リアリティー》に忠実であり、またそれを表現しようとしたためではなかろうか。魂の現れである限り、どこまでも現実として受けとめ、思索しようとする。他のどの思想家をも凌駕する思索のラディカルさがユングには認められるのである。ただその表現の仕方としては不十分であったのは否めないので、それをいかに思想的に通じるものにするかが課題であると思われ、そこがこれまでのユング派の人々が怠ってきたことであろう。ラディカルさを平板化してしまうことなしに、思想的に洗練した形で文章にできれば幸いである。

今日において、外傷理論をはじめとして、因果論的、操作的発想が強くなってきている折りに、再びユングの考え方から学ぶことは非常に意味があることと思われる。本書が少しでもそれに寄与できればと思っている。

目　次

1　プロローグ　ユングと歴史

内的な出来事

私の一生は、無意識の自己実現の物語(歴史)である。

八十三歳になったユングは『自伝』(邦題『ユング自伝──思い出・夢・思想──』)をこのようにはじめている。これはユングの生涯を形容していると同時に「無意識の自己実現」というユングの心理学における思想的核心を示しているので、本書を書く上での指針になると言えよう。つまりここでは、ユングの無意識の自己実現を物語っていけばよいのである。そうすることによって必然的にユングの生涯も思想も明らかになるはずである。その意味でユングの生涯と思想をともに描いている『自伝』はすばらしい本であり、ユング研究のための一つの鍵になる本であると言えよう。もちろんこれは自伝とはいっても秘書のアニエラ・ヤッフェによって編集されたもので、最近明らかになったように編集によって大切なことが削られたり、ユングの表現が弱められたりしているという問題はある。それでもこの『自伝』は強烈なインパクトを持っているし、思想的な深さを垣間見させてくれるのである。ユングは「この『自伝』は私の生命であり、私の学問的な努力によって得た知識に照らしてみたものである。両者はひとつである」と述べている。実際ここでの試みも果たしてユングの『自伝』を越えることができるかどうかはなはだ疑問なところである。

しかしながら冒頭で引用したユングの言葉は本書を展開していく上で指針となると同時に、問題をもはらんでいる。というのはこのユングの言葉に本当に従っていくと、思想家の人と思想を解説するという主旨にそうかどうかが危うくなるかもしれないからである。

ユングは自己実現に「無意識の」という形容詞をわざわざつけている。つまりこれは無意識の、内的な自己実現の物語なのである。ユングの『自伝』を読んでたいていの人が驚かされるのは、そこであまりにもいわゆる外的な出来事が触れられていないことである。そしてユング自身も、内的な体験を主に話すと最初にことわっており、「この内的な出来事にくらべると、旅や人々や私の周囲についての他のあらゆる記憶は色あせてしまった」とか「私の一生は、外的な出来事では奇妙なほど乏しいものになっている。私はそれがうつろで実質のないのに驚いているので、そうした外的な出来事について多くを話すことができない」と述べているのである。だから本書において、ユングの外的な人生を伝記的に語りつつ思想に関係づけ、いかに思想が形成されていったかを跡づけようとすると、ユングの本質的な部分からはずれてしまう危険が存在するのである。伝記についても「無意識の自己実現」という内的なプロセスを重視せざるをえないのである。

内的なことが大切であるというのに関連することであるが、誰に影響を受け、誰に影響を逆に与えたかということを扱うのもむずかしいところである。ユングは、

> その名前が初めから私の運命の目録に組みこまれていた時にだけ、私の記憶の中に奪うことができないほどに深く刻み込まれている。したがってその人たちとの出会いは同時に一種の回想なのである。

と述べている。つまり誰かに出会うことによってその人の影響を受けたように思われても、それは実は自分の内的な過程の必然的な帰結に過ぎないのである。それゆえに様々な個人的な出会いから思想的展開を読みとっていくのもあまり意味のないことになるかもしれないのである。

後にふれるように、ユングにとってフロイトとの出会いは大切であり、実際ユングはフロイトのことを、自分の会った最初の重要な人物と評している。しかしシャムダサー

ニが指摘するように、『自伝』の編者と出版社が、フロイトとの対決でユングの人生を描くという筋書きを強調し過ぎた面がある。従ってユングの人生はフロイトとの関係で描ききれない独自性があると考えられるのである。

人類史への広がり

ユングの人間関係を論じる上でむずかしいのは、ユングにとって大切だった出会いは自分の患者との関係であったことにもある。ユングは有名な人との出会いよりも自分の患者との関係の方が自分にとってはるかに重要であったことを明言している。そして患者との関係が重要なので、ここで取り上げようにも、それには医者や心理療法家としての守秘義務があって、ほとんど明らかになっていないのである。ユングにとって妻のエンマ以外で重要な役割を演じたサビーナ・シュピールラインとトニー・ヴォルフという二人の女性もユングの患者であった。シュピールラインに関しては日記や手紙が発見されて一つのスキャンダルになったが、後にユングの共同研究者であり魂の友ともいうべき存在になったトニー・ヴォルフに関しては、全ての手紙が焼却されたりしていて、真相はなぞのままである。ユングの人間関係を描くのはなかなか困難なことなのである。

またユングは他の心理学者や心理療法家に比べて極端に自分の治療し分析した事例について語っていない人である。確かに自分の患者の報告した夢、ヴィジョンなどは著書の中で取り上げられ、分析されている。しかしフロイトの場合における「狼男」「ハンス少年」「ドラの症例」などのような自分の分析した患者の詳細な報告はユングの全集の中には認められない。これには患者における人間というレベルではなくて、イメージや象徴、言うならば魂という次元に関わろうとするユング独特のスタンスが関係していると思われる。このようなスタンスと表裏一体なのがユングにおける無意識の概念である。つまりユングにおける無意識は個人の過去における抑圧されたものにとどまらず、個人を越えたいわゆる「集合的無意識」なのである。そうすると、ユングの生涯を無意識の自己実現として考える場合にも、狭い意味での個人史として捉えるわけにはいかないであろう。ユングにおける無意識の自己実現とは、ユングの個人的な生涯を越えて、ヨーロッパの歴史やひいては人類史にまで広がるのである。

ユングにおける歴史とはキリスト教の影響を強く受けたヨーロッパの歴史であり、ユングが常に問題にしてきたヨーロッパ文明における身体性、女性性、悪の存在の軽視やキリスト教に対する裏文化としてのグノーシスや錬金術にまで広がるのである。またユングの思想は、ユングの無意識の概念からしてユングが意識的に影響を受けたり与えたりしている思想家の枠だけで考えられるべきでないと思われる。それゆえにここでも、ユングが意識的には嫌悪感を示していたヘーゲルとハイデガーや、さらにはラカンも射程に入れて、その思想を考察していきたいと思う。

自己実現と現実性《リアリティー》

ユングは自分の一生を自己実現の物語として捉えている。しかし自己実現はよくそう思われているように、何か未熟で未分化なものが成長や発展していって完成したより高次のものになるのではない。自己実現とは、文字どおり自分自身になることであり、何か違ったものになるのではなくて、はじめからそうであるものになることなのである。その意味では逆説的に聞こえるかもしれないけれども、最初から自己実現しているのである。だからユングの生涯や思想の展開を継時的で物語的な展開や発展として描けるかどうかは疑問なのである。確かに時間的経過に沿ってある程度は追ってはいけるであろうけれども、それでは単に表面的になぞっているだけに終わる可能性が強いと思われる。そうではなくていわゆる初期の研究、それどころか幼年時代の体験でさえ、すでに自分自身であるものとして、いわばすでに自己実現したものとして本質的なものを含んでいるのである。だからここでは様々な出来事を物語的に繋げていくよりはむしろ、一つ一つの出来事や思想を深めていく方向を取りたいと思う。その点に物語性や神話を強調する『自伝』と本書の大きな差があると思われる。

もちろん最低限の物語性は伝えるつもりであるが、一つ一つの出来事や思想を捉えて深めていくならば、叙述がバラバラになってしまうという危惧があるかもしれない。しかし個々のものを深めるからこそ、逆に常に自己実現している同じものが見えてくると思われる。本書ではそれを一応リアリティー、現実性の問題として提示していくつもりであることを、ここで前置きしておきたい。このようなアプローチをすると、ユングの生涯についての詳しい記述や、新しい資料的価値という点では乏しいものになるかもしれないが、ユングの思想、あるいはユングの思想が持っていた可能性については深めていきたいと思っている。

第一章　ファルスの夢と石——幼年時代

1　ユングの家族

知的環境と祖先

カール・グスタフ・ユングは一八七五年ボーデン湖畔のケスヴィル(トゥールガウ州)に生まれた。父ヨハン・パウル・アヒレス・ユング(一八四二—一八九六)と、母エミーリエ(一八四八—一九二三)の間には、最初パウロが生まれたが夭折《ようせつ》し、また妹のヨハンナ・ゲルトルート(一八八四—一九三五)は九つも年下だったので、実質上一人っ子のようにして育ったと言えよう。牧師であった父の教区の移動に伴い、生まれて数カ月でライン川上流のラウフェンに引越し、四歳の時にバーゼル近郊のクライン・ヒューニンゲンに移り住み、後にチューリッヒ大学の精神科の助手になるまで、そこに暮らすことになる。ユングの父方の家族も、母方の家族プライスヴェルクもバーゼル出身であったせいで、ユングにとってバーゼルは後に移り住んで活躍したチューリッヒに並ぶ重要な場所である。ユングが元型《げんけい》(Archetypus)の概念を考え出す以前に使っていた原始心象(Urbild)という言葉の由来する歴史学者のヤーコプ・ブルクハルト、母権論のバッハオーフェン、それにニーチェなどのバーゼルの学者たちも、ユングの育ってきた知的環境に属していた人々なのである。

ユングの父方の祖先はドイツのマインツ出身である。スペインの王位継承戦争のためにマインツ市の公文書保管所が焼失したために、ユングの祖父の祖父にあたり、一七七八年に没したジギスムント・ユングまでしか家系図は遡《さかのぼ》れない。しかし一六五四年に亡くなり、大学の学長を務め、医者であったカール・ユングは祖先であったことが推察されている。この人が錬金術師のミヒャエル・マイヤーや、ゲラルドゥス・ドルネウスの著作に親しんでいたと思われることは、後に錬金術に興味を示していったユングにとって大切なことであった。

ユングの祖先は、ユングと同名である祖父カール・グスタフ・ユングのときにバーゼルに移住してきた。この祖父はユングの祖先のなかで最も有名で、かつユングにとって最も重要な人であった。彼はバーゼル大学の医学部教授、さらには学長にまでなった人で、バーゼルの有名人であった。彼にはゲーテの子どもであるという伝説があるくらいで、これはゲーテの『ファウスト』における悪や悪魔の扱われ方に感銘を受け、またゲーテのファウストのイメージからニーチェのツァラトゥストラ像に伝わった歴史的課題

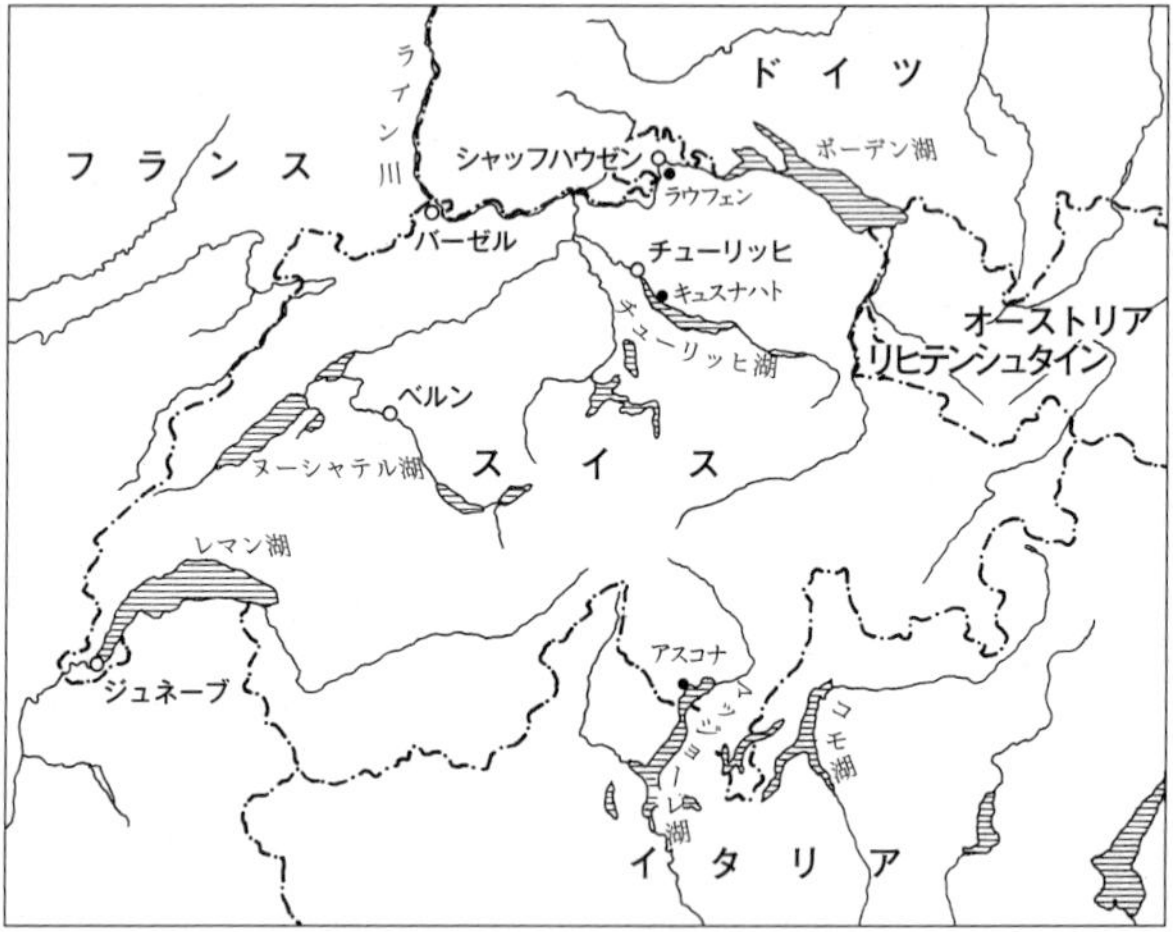

スイス周辺地図

を引き継いでいると感じていたユングにとって、大切な心的現実でもあったと思われる。この伝説のことをユングは迷惑だというふうに述べることもあれば、満足そうに語ることもあったという。

母親の家族プライスヴェルクも牧師の家系である。家族にはいわゆる超心理学的能力を持った人が多くいた。たとえば神学者であった祖父のサムエル・プライスヴェルクがそうで、幽霊や幻影を見たり、霊界と交信する能力があったそうである。二度結婚したが、死別した先妻が毎週彼を訪れたという。説教を執筆するときに亡霊が肩越しに読んでは困るというので、娘のエミーリエを自分の背後に立たせて障壁にすることにしていた。ユングのいとこにあたるヘレーネ・プライスヴェルクは、霊媒となって心霊術の実験をユングと一緒に行い、それはオカルト現象についてのユングの博士論文のもととなった。

両　親

ユングの父は古典語にすぐれた人であったがアカデミックな道を経済的な事情もあって断念し、牧師となった。ユングは父を弱い人として描いている。ユングが関心を抱いていた宗教上の問いに対して、父は満足な答えを与えることができなかったようである。ユングがバーゼル大学に入学してまもなく父は亡くなっている。母は一方ではよく肥えたおしゃべりなおかあさんらしい人であると同時に、全く別の人格が発言しているような言葉でユングを時々驚かせた。このことに関してユングが記憶している最初の出来事では、六歳のときに着飾った近所の子供と比較されたユングが、気に入らなくてその子をひっぱたいたのに対して、ユングの母親は一方でぎょっとしてユングを涙ながらに説教しながら、後で独り言を言って「もちろん子供をあんな風に育てちゃいけない」と大声で叫んで、さっきとは正反対の言葉をもらしてしまったのである。この母の第二人格の存在は、ユングにおける第二人格や、さらには個人を越えている魂の存在を感じていくための鍵になったと思われる。この意味でユングは母からはかなりの影響を受けたとも言えよう。幼い頃の思い出などにユングも記しているように、別居している時期などもあって、ユングの両親の夫婦仲はよくなかったようである。幼少時にかかった湿疹もこの不仲のせいだとユングは後に考えていた。

これまでユングの家族的背景について多少とも述べてきたけれども、ユングにとって家族的背景から考えることがどの程度意味があるのか疑問のあるところでもある。というのもある手紙でユングは、

子どもたちは両親に属しているのではなく、また両親から生まれてきたようにみえるだけです。(中略)若い世代は根源から生を始めねばならず、絶対に必要な場合にのみ過去の重荷を背負うことができるのです。(『書簡集I』 Br. I, 277)

と書いているからなのである。だからここでも一応おおまかな外的状況をおさえたところで、ユングの幼い頃の内的体験に焦点を絞りたい。ここで取り上げるのはユングの記憶している最初の夢と石の体験の二つである。

2　ファルスの夢

最初の夢

ユングは『自伝』の中で、三、四歳の頃に見た、記憶している限りでの最初の夢を報告している。少し長くなるし、読者の中でご存じの方も多いかもしれないが、非常に重要な夢なので、ここで全文を引用したい。

牧師館は、ラウフェン城の近くに全くぽつんと立っていて、寺男の農家の背後には大きな牧場が拡がっていた。夢で私はこの牧場にいた。突然私は地面に、暗い長方形の石を並べた穴をみつけた。かつてみたことのないものだった。私はもの珍しそうに走り出て、穴の中をみつめた。その時、石の階段が下に通じているのをみたのである。ためらいながらそしてこわごわ、私は下りていった。底には丸いアーチ型の出入口があって、緑のカーテンで閉ざされていた。ブロケードのような織物で作られた、大きな重いカーテンでとてもぜいたくにみえた。後に何が隠されているのかを見たくて、私はカーテンを脇へ押しやった。私は自分の前のうす明りの中に長さ約一〇メートルの長方形の部屋があるのを見た。天井はアーチ形に刻んだ布で作られていた。床は敷石でおおわれ、中央には赤いじゅうたんが入口から低い台にまで及んでいた。台の上にはすばらしく見事な黄金の玉座があった。確かではないのだが、多分赤いクッションが座の上にあった。すばらしい玉座でおとぎ話の本当の王様の玉座だった。何かがその上に立っていて、はじめ、私は四―五メートルの高さで、約五〇―六〇センチメートルの太さの木の幹かと思った。とてつもなく大きくて、天井に届かんばかりだった。けれどもそれは奇妙な構造をしていた。それは、皮と裸の肉でできていて、てっぺんには顔も髪もないまんまるの頭に似た何かがあり、頭のてっぺんには目がひとつあって、じっと動かずにまっすぐ上を見つめていた。

窓もなく、はっきりした光源もなかったが、頭上には明るい光の放散があった。微動だにしないにもかかわらず、私はいつそれが虫のように、玉座から這い出して、私の方へやってくるかもしれないと感じていた。私はこわくて動けなかった。その時、外から私の上に母の声がきこえた。母は「そう、よく見てごらん、あれが人喰いですよ」と叫んだ。それが私の怖れをさらにいちだんと強めた。目が覚めると、私は汗びっしょりでもう少しで死なんばかりだった。

ずっと後になってやっと、ユングはその時に見たのがファルス(男根像)だとわかる。ユングの見たこの最初の夢は、ユングの人生にとって決定的な体験になったと思われる。ユングは「あの時、私の知的生涯はその意識的な出発をしたのである」と述べている。この言葉は真剣に受けとめる必要があろう。つまりこの夢はユングの幼少時の印象的なエピソードにとどまらない。ユングがわざわざ「知的」生涯という言葉を用いていることからわかるように、すでに夢自体の中にユングの思想が現れているとみなすことができるのである。つまりこの夢の中で、そしてこの夢について後でユングはどう考えたのか、さらにはこの夢自身はどのように考えていて、どのような思想を持っているのかを吟味する必要があろう。

夢の解釈

性的なことを絶対視しないということで精神分析から袂《たもと》を分かっていったユングの最初の重要な夢がファルスの夢であるというのは興味深い。この夢をフロイト派ならどのように解釈するであろうか。たとえば鑪幹八郎《たたらみきはちろう》はこの夢を両親の性交の目撃である原光景として解釈している。これは父親のファルスとして理解できるのであろうか。ユングは自分の父親を弱いとして描いているけれども、ここには巨大なファルスに直面しての父親コンプレックスや去勢不安が認められるのであろうか。フロイトの治療したハンス少年が馬のペニスで驚くが、このハンス少年は強い父親コンプレックスと去勢不安を持っていたのである。

さらに興味深いのは、このファルスが「人喰い」と呼ばれているように、ファルスが食べることに結びついていることである。フロイトの『トーテムとタブー』において、全ての女性を一人占めにしていた恐ろしい原父は息子たちによって殺されて食べられる。フロイトはこれに、ある限られた機会にだけ自分のトーテムの動物を殺して食べることが許されるトーテミズムの起源を認め、近親相姦の禁止と同時に、殺して食べるということに父親との同一視のメカニズムを見ている。神話においても、たとえばウラノスやクロノスは子供たちを食べてしまう父親である。

しかしユングは、このファルスを性的な意味で解釈したり、父親や母親との関係で理解したりしない。確かに最後に母親の声が入ることは重要で、おそらく母親の存在を抜きにしては、ユングは個人を超えた世界と個人的なものとの接点を見出すことはできなかったことも事実であろう。ユングも述べているように、ユングの母親は人間の次元を超えた世界、ユングの言葉で言うならば元型的な世界のことをどこか知っていたと思われる。この夢でユングが最後に目覚めるときに母親が登場するのも興味深い。つまり母親は元型的な世界に迷い込んでいたユングにとって、覚醒時の生活、現実生活への唯一の接点なのである。

象徴とコスモロジー

しかしながらこの夢は親子関係や性的な意味だけで理解できないものである。その時に一つ手がかりとなるのが象徴という考え方である。後にユングが批判したように、精神分析では様々な物が性的なものの置き換えとして還元的に理解される。フロイトは、たとえば『夢判断』において、「すべて長く伸びた品物、杖だとか幹だとか洋傘だとか、すべての長めでとがった武器（ナイフ、短刀、槍）のようなものは男性性器を現す」と述べている。しかし逆に性的なものが何を象徴しているかは問われないことになる。

ユングはファルスを生物学的な意味での男根に還元せずに、ファルスの持っている象徴的な意味に関連づけて解釈していこうとする。ファルスは王の錫《しゃく》などに見られるように、力や権力の象徴でもある。生殖には物事を生みだし創造するというニュアンスがあるので、ファルスは造形力や創造性と関係している（『変容の象徴』GW5, §180, 183）。また冥界への使者であるヘルメスやさいの神が男根の形をしていることからもわかるように、ファルスはこの世とあの世との間にある境界にも関係している。フォン・フランツも指摘しているように、ヘルメスの象徴的意味はユングにとって大切であると思われる。後にユングは錬金術に深くかかわっていくが、そこではヘルメス、メルクリウスが重要な役割を演じるからである。またこの男根神は蛇の杖、ヘルメスの杖を持つ医学の神であるアスクレピオスとも関係していると思われるので、医師となり、癒《いや》しにかかわっていったユングにふさわしいイメージなのである。アスクレピオスに伴う童神のテレスフォロスは、ファルスの形で現れることとすらある。

ここでのユングは象徴的な意味に着目していきつつ、それだけにとどまっていない。

ユングは赤いじゅうたんを血の色と関係づけ、緑のカーテンを緑の植物でおおわれた土の神秘を象徴していると考える。そこにいるファルスは、土や身体性に関係しているので、天にいる精神的なキリスト教的な神に対して地下に存在していてそれを補償するような神を象徴していると考えられるのである。これはユングが小さいときから問題として感じてきたキリスト教の歴史的課題である。つまりユングによれば、精神性に偏り、身体や女性性や悪を切り捨てているキリスト教がいかにして全体性を回復するかということが大切なのである。ユングが魂にとっての親子関係を超えた歴史性を重視していることがこの夢に現れている。

この夢の解釈には歴史性だけではなくて宇宙性、コスモロジーが見られる。最初は木の幹のように思われ、天井に届かんばかりだったファルスは、まさにシャーマニズムなどに出てくる宇宙の木のイメージである。エリアーデによれば宇宙の木あるいは世界の木はシャーマニズムに不可欠のもので、たとえばヴァスユガン・オスチャーク人は、その木の枝々は天上に達し、その根は地下におりていると信じている。先に述べた精神性と身体性、天と大地の対立にもコスモロジー的な発想が認められる。全体性というユングの個性化は個人の出来事を超えた、宇宙の出来事なのである。ユング心理学はコスモロジーとしても捉えていく必要があろう。後にユングが自ら描いたり、また研究したりしたマンダラ(曼陀羅)もコスモロジーの試みなのである。

主体の逆転

コスモロジーの視点というのは、ユング自身も意識していたかもしれない。これから述べていくことは、ユング自身はさほど意識していなかったかもしれないけれども、夢に含まれている思想であると考えられる。ファルス、ペニスというと、性的なもの、衝動的なものとして、知的なことにまさに対立しているかのように理解されるのが普通であろう。その意味でファルスと頭というのは対極になってしまうであろう。しかしギリシアの身体観において、頭とファルスはともに、身体とは区別された魂であって、だから精液も脊髄を通って頭に上ると考えられていたのである。魂の座として頭とファルスは死者の国に属しているのである。このことは魂の導き手であるヘルメスが、頭とファルスだけで示されることにも表れている。それゆえにファルスは異界の側、意識や自我でない向こう側、無意識の側に属する。ユングの考えているように精神と身体の対立でこの夢を捉えるのでは十分でないかもしれないのである。

ファルスが目を持っていて、ファルスが人喰いであることは、向こう側、無意識の側が主体になっていることを示していると考えられる。このように人間や自我の主体性を疑問に付していき、それを転倒させるに至るところがユングの思想における一つの重要なポイントであろう。暗やみの中でファルスが明るかったのも、意識が光で無意識が闇であるというのを転倒させていると考えられる。後にユングは、目が輝いている蛇の夢に対して、無意識の持つ光、意識性について言及している。そしてユングがこれを大地での一種の葬式であると述べているように、これはユングが異界の存在に食われるイニシエーションであったと考えられるのである。宮沢賢治の「注文の多い料理店」において、お客のつもりで入った二人の男性は、逆に自分が料理されて、もう少しで化け猫に食べられることになる。ここにも主体の逆転が見られるが、ユングの人喰いも同じような主体の逆転の話として理解できよう。

主体の逆転の夢として捉えていくと、これはラカンのファルスの理解に近くなる。ラカンにおいて、男女の区別にかかわらずファルスとは主体に属しないもの、欠けているものである。欠けているものこそ、追い求められるようになるし、また言語となって置き換えられていくことが可能になる。そして人間主体とは、言語となって展開していくもの、つまりシニフィアンの連鎖に従属しているのである。そうするとユングの夢は、自分の存在が根源的に去勢されており欠けていること、そしてそのようなものとして言語に従属していることを示していることになる。このような表現はユングの詩的でイマジネーション豊かなコンテクストになじみにくい印象を与えるかもしれないけれども、ユングの夢もイメージが主体になること、それに従属することを示しているので、意外と近いのである。これは言語、イメージが主体となる世界へのイニシエーションなのである。

同一性の発見

このような主体の転倒を超えてさらに興味深いのは、ユングが母親の声のニュアンスにこだわっているところである。このころのユングは、イエスが人を食べるのではないかと疑いを持っていた。母の声の一つの可能性は「あれこそが、人喰いなのだ」ということで、そうするとイエスが子どもたちを食べるのではなくて、ファルスが人喰いであるということになる。もう一つは「人喰いはあれなのだ」ということで、イエスもファルスも同一人物であって、人喰いであるということである。後者の解釈にはユングにおける同一性の発想が見られると思われる。ユング心理学は何か対立するものを統合したり、関係づけたりするように思われているけれども、それはもともと同一のものなのである。だからこの夢においても、大地的なものが母親的な姿で現れず、ファルスとして登場しているのである。

ユング心理学、特に弟子のノイマンにおいてグレート・マザーが強調されるように、食べたり呑み込んだりする大地が母親像で登場していたならば、父親的なものと母親的なものの対立がテーマになるであろう。しかしここでは大地的なものがファルスで現れているところが興味深く、父親的なものと母親的なもの、男性的なものと女性的なものという対立はなくて、二つのものが同一であることが示されているのである。これはさらに、向こう側や無意識が主体になるだけではなくて、両者の弁証法的関係に至る可能性を示唆している。たとえばミサの象徴についての論文においても、ユングはキリストが生《い》け贄《にえ》を捧げるものでもあり、生け贄にされるものでもあると述べている。このコンテクストで言うならば、自らも人喰いであり、人喰いに食べられることでもある。ユングはキリストが自分の肉を食べるという表現さえを用いている。

しかしこの夢は唐突に母親の声が入るように、外から見てしまっている。だから主体が弁証法的関係に入りきっていないのである。けれども、母親の声というのを外から持ち込むことによって、一方的にファルスに見られ、食べられ、圧倒されるだけではなくて、こちらが見るという側面を導入したとも言えるのである。

3　石の体験

アニミズム的宇宙

ユングの幼少時代の体験としてもう一つ取り上げてみたいのは、石にまつわる体験である。もっとも正確に言うと、これは石の登場する二つの体験である。ユングが七歳から九歳のころにした遊びに、自分の家の庭にある古い壁のすきまにできている洞穴の中で火の番をすることがあった。これは神聖な火で、永久に燃えつづけねばならなかった。そしてユング以外の誰もこの火の番をすることを許されなかったのである。その壁の前に突き出た石の埋まった坂があった。一人の時、しばしばユングはこの石の上にすわって、次のような想像の遊びをはじめた。「私はこの石の上にすわっている。そして石は私の下にある」。けれども石もまた「私だ」といい得、次のように考えることもできた。「私はここでこの坂に横たわり、彼は私の上にすわっている」と。そこで問いが生じてくる。「私はいったい、石の上にすわっている人なのか、あるいは、私が石でその上に彼がすわっているのか」。

この問いはユングを悩ませ、しかも魅惑したというが、われわれ現代人にとっては奇妙な問いでしかないであろう。というのは現代人にとっては、人間が主体で、それが石を見て、その上にすわっていることは自明のことだからである。ところがユングにとっては、ユングという「私」も主体であるし、石も「私」と言うことのできる主体なのである。ユングは「私」という言葉を用いているが、ここでの「私」がいわゆる近代的な意味での自我ではないことに注意する必要があろう。特にデカルト以降の近代的な世界観では、主観と客観、それに物と心は明瞭に分かれているし、延長する物体を持たない抽象的な心だけが主観であって、物体は客観でしかありえない。しかしここでユングの言う「私」は石をはじめとする多くの物の間で同じ権利を持って存在しているものである。言うならば全てのものは主体、魂でありうるし、人間主体もその中の一つに過ぎない。ここではまだ抽象的な私は登場していない。石も「私」という言葉を用いることができることからもわかるように、石も「私」も両方ともに同じレベルで存在しているのである。

これは石がユングを表象していたり、ユングが石に自分を投影したりしているものですらない。石もユングも全てがつながると同時に、それぞれが「私」と言いうるようにユニークに魂として主体になっているのである。これはまさに華厳的な世界であり、アニミズム的な世界である。岩田慶治は自著『コスモスの思想』の解説でアニミズムについて次のように述べている。

「たましいの世界ではいのちが交換可能なのだ。アニミズムの世界は、虫(森羅万象)の一つ、ひとつを通して見えてくる世界である。(中略)虫の行動をよく見つめていると、虫のドラマと人間のドラマが似ていることに気づく。虫の宇宙と人間の宇宙は相似なのだ。一つの宇宙はそれぞれに主体性をもった無数の宇宙からなりたっている。多が一で、一が多だと言ったらよいだろうか。同じ座布団の上にカメレオンが坐り、フンボルトが坐り、老子が坐り、虫が坐り、ラーマ・クリシュナが坐り、木が坐り、山が坐り、かく言う私が坐る。」

この文章の「虫」の代わりに「石」を入れると、これはまさに石とユングの関係を見事に言い当てている。ユングも石も交換可能なものとして全く対等に存在している。アニミズム的宇宙として、ユングと石は一体となった一つの世界にいる。しかしそれはユングも石もそれぞれに主体性をもった宇宙であり、したがって多が一で、一が多になっている宇宙なのである。

ユングが最晩年において著した最後の大著『結合の神秘』において、錬金術における「一なる世界」(unus mundus)という概念が重要になる。これは全体性となった人間が世界との結合を遂げることであるけれども、一なる世界は「根源的な差異のない世界や存在の統一性」とか、「創造の第一日における潜在的な世界」とか言われている(『結合の神秘Ⅱ』GW14/II, §325, 414)。ユングの石との体験には、この一なる世界の思想が感じられるのである。

物の個性化＝自己実現

これはある意味で極限的に個性化したイメージであるとも言えよう。個性化(Individuation)というのはユングにおいて非常に重要な鍵概念である。これは自己実現(Selbstverwirklichung, self realization)とも等置されていて、後の章で詳しく扱うつもりなので一口に定義するのはむずかしいが、普通は一つの過程のようにして理解されている。つまり無意識から切り離された意識が再び無意識と関係を持ち、それと結合すること、意識の一面性を脱して全体性に到達することとして考えられている。しかしこのようにある意味では意識が拡大していくとも受けとれる動きに対しては、ユング心理学から発展していった元型的心理学の側から、単に人間が肥大していくことを追求する人間中心主義、自我中心主義であるという批判が加えられ、違った解釈が与えられている。それによると、人間主体の個性化や全体化が問題なのではなくて、むしろ、それぞれのイメージの個性化の方が大切であるとみなされている。その意味ではユングも石も魂としてのかけがえのない主体であって、一つの世界を形成していることは、一が多であって多が一である究極の個性化のイメージであるとも言えるのである。

それに対して近代的な「私」の成立する世界とは、アニミズム的宇宙と全く異なる。「私」というのは、石でも、虫でも、カール・グスタフ・ユングでもない。それは全ての具体的なものを否定することによって成立するただ一つの抽象的な点である。小さい子供は「私」や「僕」とは言えず、その代わりに自分のことを「カールちゃんは」とか言う。「私」と言えるようになるというのは、具体的な何物でもない抽象的な一点ができることなのである。自閉的な子供が「私」と言えないことが多いのも、この抽象的な点が成立していないからなのである。

アニミズムの世界が森羅万象を通して見えてくる世界であるので、そこではそれぞれのものがユニークであると同時に全体につながっているのに対して、自我としての

「私」の世界はただ一つの抽象的な絶対点から見られている、いわば一点透視法による遠近法的な世界なのである。それは自我が全体を鳥瞰しているという意味で全体性であると同時に、全体を俯瞰している自我が抽象的でどこにも属していないという意味で全てから切り離されているとも言えるのである。

ここでのユングはアニミズム的であるけれども、だからといって「私」が成立していないとか、自我が崩壊しているというわけではない。精神医学的にみると、私という主体性が成立していないとか、主体性を失うとかいうのは脅威である。先ほど自閉的な子供のことにふれたが、それだけではなくて、統合失調症における「見られる」とか、「話し掛けられる」という体験も、主体を失ったときの危機を示している。全体を統覚する私をなくした状態は、「自明性の喪失」としても捉えられるであろう。しかしそのような危機をユングは示していない。『自伝』に記してあるように、ユングはむしろこのような体験を数時間にわたって楽しんでいたのである。これはユングに「私」が成立していないのではなくて、成立していながらアニミズムの世界に入っていっているからだと考えられる。それは、私も石もともに「私」という言葉を用いうることにも表れている。

聖なるものの現実性《リアリティー》

それでもユングの「私」が近代的な自我からかけ離れているのは否定できないことであろう。それにもかかわらずユングが危機を感じないのは、自我を失うことに対して恐怖を抱いていないからであろうと考えられる。近代的自我に執着していると、それをなくした世界というのは恐ろしいように思えてくる。それはカオスとか何も意味を持たない断片化した世界のように感じられてしまう。メラニー・クラインにおける妄想－分裂態勢や、ラカンにおける鏡像段階以前での断片化した世界のように。「私」という統覚するものがなくなると、全てが断片化して、意味のないバラバラのものになってしまうのであろうか。しかしユングの体験が示しているように、近代的自我をはずすことに抵抗を持たなければ、何も断片化した世界に陥るのではなくて、むしろそれぞれの物が世界を持っているようなアニミズム的世界が現れてくるのである。

ここでユングが神聖な火を絶やさないように努めているのは興味深い。ユングにとっての神聖さは観念的なものではなくて、儀式や参加の必要があり、それによってのみ存在するものだったのである。ユング心理学ではよく聖なるものや神がテーマにされる。しかしそれはしばしばギリシアの神々などのように、イメージとして、知識としての聖なるものになってしまっているきらいがある。そうすると神聖なるものも、たとえ過去においてその時代の人々にとってそうであったとしても、今本当にリアリティーを持っているかどうかは疑問の余地のあるところである。これに対してこのエピソードでユングに現れている神聖なるものは、今存在していて、それに献身すべきものなのである。その意味でユングは神聖なるもののリアリティーを知っていたと言えよう。

ファルスの夢では、ファルスが主体となってユング、あるいは夢自我を見る、あるいは夢自我を食べるという逆転の可能性が認められることを指摘した。それに対してユングの石の体験においては、ユングと石の間の主客関係は完全に交換可能であり、入れ代わっているように思われる。しかしこれは確立した近代的な主観が逆転するような弁証法ではなくて、いわば主観確立以前において、様々な主体が交互に浮かび上がっている状態なのである。

人形の石

少年期のユングにはもう一つ大切な石の体験がある。十歳のころユングは小学校の生徒がみんな使っていた小さな鍵と、定規付きの黄色い、ニスを塗った筆箱を持っていた。この定規付きの筆箱の定規の端にユングはフロックコートを着て背の高い帽子をかぶりぴかぴかの黒い長靴をはいた長さ約二インチの小さな人形を刻み、インクで黒く塗り、のこぎりで切り離し、筆箱に入れていた。筆箱の中にはこの人形のためにベッドを作り、布切れで上着まで作ってやった。またライン川からとってきたつるつるした長い楕円形の黒っぽい石を筆箱の中に入れ、上半分と下半分とを絵の具で塗りわけ、ずっと長いことズボンのポケットに入れて持ち歩いていた。これはあの人形の石だった。ユングは筆箱を屋根の下の梁《はり》の上に隠した。なぜならば誰もそれを決してみてはならないからである。魂でさえそれがそこにあるのを決してみつけることがないだろうということがユングにはわかっていた。ユングは安全だと感じ、自分自身と争っているという苦しい感じはすぎさった。誰にも見つからないことを確かめた上で、ユングはひそかに屋根裏部屋にしのび上がり、梁によじ登って筆箱をあけ、自分の人形とその石を見た。こうするたびにユングは筆箱の中に前もって授業時間中に自分で作り出した秘密の言葉で何かかいておいた巻き紙を入れていった。新しい巻き紙を加えていくのは、厳粛な儀式行為の性格を帯びていた。

ユングはこれに対して、「こうした行為の意味、あるいはそうした行為をどういうふうに解釈したらいいかということはいっこう気にならなかった」と『自伝』でコメントしている。また、「アフリカの原住民はまず行動し、しかも自分たちが何をしているのかを知らない。ずっと後になってはじめて、彼らは自分たちのやったことについて考えるのだ」とも書いている。イメージにアプローチする際に、前にも述べたようにユングは象徴を大事にする。そうすると意味を強調するように思われる。たとえば、象徴的に見ていくことによって、無意味に思われる妄想、ヴィジョン、夢などがいろいろな意味を持っていることがわかってくる。それを解釈していって理解する必要があるというのである。この文脈でも、石とは何を象徴するのであろう、人形の形は何を意味するのであろう、などのようにである。しかしユングは必ずしも意味を至上のものにしていない。現実性というのは意味以上のものなのである。これは神聖な火をユングが守らざるをえなかったのと同じことなのである。

この人形は黒いフロックコートを着て黒い長靴をはいたイエズス会士とお葬式のときの男たちの姿に似ている。ユングは幼いときに、イエズス会士に対して恐怖を持っていた。それはユングにとってのキリスト教の影のイメージと結びつくもので、お葬式は大地が人間を食べることであるように、神が人間を食べることに関係していた。だからこの人形は、ファルスの夢とも関連しているのである。人形に巻き物を持っていくことから、ユングはアスクレピオスの記念碑の上に立って、彼に巻き物を読んで聞かせるテレスフォロスを連想している。すでに述べたように、テレスフォロスのイメージは、ファルスの夢にも登場しているのである。

チュリンガー

ユングは長楕円形で上半分と下半分に塗り分けられた人形の石がオーストラリアの原住民が持っているチュリンガーに似ていることにずっと後で気づく。チュリンガーは石で作られていることもあれば、木で作られていることもある。それは祖先の魂であり、自分の魂でもある。その意味でチュリンガーとは祖霊であるトーテムに関係している。そしてこれは祖先の魂や、神々の記録にとどまらない。それはまさにトーテムや祖霊の現前なのである。時には祖先の身体であるという表現が用いられている。チュリンガーはいつもは地下室や洞窟などに隠しておかれる必要がある。

ユングはこれについて、伝統的な直接の道すじを通らずに個々人の心に入ってくる原始的な心の構成要素があるという確信がはじめて生じてきたと述べている。つまりこれはヨーロッパの伝統に育ったユングがオーストラリアの原住民の宗教的儀礼やシンボルを知っていたことになるので、人類に遍在するいわゆる元型《げんけい》の存在を裏付けているということになろうか。確かにこれは興味深いことかもしれないが、このような元型理論の証明はあまり重要でないと思われる。それよりも大切なのは、ユングが魂のリアリティーをどのように感じていたかということと、ユングがどのような魂の概念を生きていたかということなのである。

この場合はさきの石の体験のように、ユングと石が全く対等の関係にあって、主観というのが成立していないのとは異なる。チュリンガーが祖霊であるように、人形や石はユングの魂を表している、あるいはユングにとっての神であるとも考えられるのである。しかしそこに認められる魂の概念は極めて古代的なものである。ユングが「魂でさえそれ〔筆箱〕がそこにあるのを決してみつけることはないだろうということが私にはわかっていた」と述べているように、簡単に魂という言葉を用いることができるのかさえもわからないけれども、一応そこに認められる魂の概念の特徴を探ってみたい。

魂の現前

デカルトについて述べたように、西洋近代において魂は人間の中にあり、現れていない抽象的なものであるとみなされている。それは「私」という概念に典型的に示されている。しかしユングの人形や楕円形の石はユングという人の外にあって、具体的な形をとって現れているのである。そして具体的な形をとるだけではなくて、屋根裏部屋という決まった場所を持っている。チュリンガーについての説明で、それが祖先の存在についての記憶ではなくて、まさに祖霊の現前であるとされていたように、ユングの石や人形も、魂の現前なのである。

西洋における魂は現れていないだけに探求され、さらには示したり証明したりする必要がある。たとえば聖杯伝説やロマン派なども、魂を追い求めていく動きであったと言えよう。そしてキリスト教の伝統に見られるように、証明し、主張することが必要であった。それに対して、ユングの人形や石は、あまり確かなものであるので、探される必要がないのである。ユングの体験において、石や人形は魂の完全な現前であると同時に、秘密で隠されているのが興味深い。これは内面的で見えないはずの魂が自分を主張したり、証明しようとするのと正反対である。

石を持ち歩いたり、屋根裏部屋に隠しておくだけでユングは安全だと感じ、自分自身と争っているという苦しい感じが過ぎ去ったのであるが、そのように確かなものでも、放っておけばよいというものでないのが興味深い。ユングは秘密の言葉で何かを書いておいた巻き紙を筆箱に入れていったという。さきの神聖なる火の場合と同じように、この人形や石も、ユングの儀式への参加を求めるのである。それがいかに確かなものであるといっても、それに対する参加や行為なくしては現実性はなくなるのである。

人形とか石は、自我とそれとは区別された祖霊、魂のようなものと言えよう。ここではユングはそれの現実性を完全に生きており、またそれは祖霊や魂とも呼べないほど具体的でリアルなものになっている。これはユングがアフリカ人のことに言及しているように、古代人ユングの体験なのである。それがその後どうなっていくのかには、後の章で着目したい。ユングの一生は、ある意味でここに現れている石との関係であると言っても過言ではないのである。そしてここで石として現れているものは後に様々な形になっていくと言えるが、石というものがユングの生涯で非常に重要な象徴として登場するのも興味深いことである。たとえばユングは後にチューリッヒ湖畔の自宅のキュスナハトとは別にボーリンゲンに自ら石を積んで塔を作り、そこで時々引きこもって暮らす。

また何回も石に像や言葉を刻んだりしている。これについても後で検討を加えたい。そしてユングが自分の心理学との関連で熱心に研究した錬金術において、石がラピスや賢者の石として非常に重要であることも忘れられてはならないであろう。

第二章　イニシエーションと神経症体験——学童時代

ときめきと劣等感

十一歳の時にユングはバーゼルのギムナジウムに入る。スイスの教育制度において、この時にギムナジウムに入れるかそれとも第二学校(Sekundär Schule)に行くことになるのかは一つの大きな分かれ道である。だからギムナジウムに行くと、当然ながら勉強の良くできる生徒や恵まれた家庭の出身の生徒が増えることになる。田舎の学校からバーゼルという都会に出ていったことだけではなくて、ユングの言葉によれば「偉大な世界」へ入っていったことによるときめきと劣等感をユングが表明しているのも無理からぬことである。

十一、二歳というのは、思春期に入る直前であり、その意味では少年としての完成を迎えてこれから大人としての存在へ移行する時で、イニシエーションの時期とも言える。ユングはこの時期に重要なイニシエーションを体験し、また同時に体験しそこなってもいる。この章ではユングのこの時期をイニシエーションという観点から考えていきたい。

まず取り上げるのはユングのいわば神経症体験と呼べるものである。

1　神経症と自我体験

不登校児ユング

十二歳の初夏のある日、ユングは下校中に大聖堂の広場に立っている時に、ある少年に一突きされて、足をすべらせ、舗道のふちの石で頭をしたたかに打って倒れる。ユングは意識を失わんばかりになって、その瞬間、「もうお前は学校へ行かなくてもよい」という考えがひらめく。それ以来学校の帰り道とか、両親が宿題をさせようとするときにはいつでも、ユングは発作を起こすようになった。ユングは半年以上も学校を休み、数時間もの間夢想にふけったり、森の中へ出かけたり、戦争の絵やマンガをかいたりして過ごした。

両親は心配して、医者に相談したり、親戚の所で休養させたりしたが、家に帰ってみると、ユングの状態は元に戻ってしまうのだった。このようにしてユングは半年以上も学校を休んでしまう。ある日、父の友人が訪ねてきて、ユングのことを尋ねると、父が「もし治らないなら恐ろしいことです。私はなけなしのものを全部なくしてしまった。それに、もし自分で生計をたてることができないとすれば、あいつは一体どうなるんでしょう」と言っているのをユングはこっそりと盗み聞きする。ユングは仰天して、「じゃあ、働くようにならなくっちゃ」と考えて、こっそりと父の書斎に出ていき、ラテン語の文法書を取り出して、一心不乱に詰め込みはじめる。すぐにきつい発作が起こってユングはもう少しで椅子からころがり落ちる所だったが、二、三分たつと気分がよくなって勉強を続ける。「こん畜生！　発作なんか起こすもんか」とユングは独り言を言って勉強を続ける。また二回目の発作が起こるが、「さあ、本当にお前は働くようにならなければならないのだ！」と我慢し続ける。一時間後に三回目の発作が起こったが、ユングはあきらめずに勉強を続け、発作の襲来をのり超えたと感じるまで続ける。その後発作は二度と起こらず、二、三週間後にユングは学校に戻る。神経症が何かを教わったのはその時だった、とユングは『自伝』で述べている。

この話は、一見すると夢想の世界にいたユングが社会的な現実に直面し、学校や仕事などのいわゆる「現実」に戻ることで神経症が解決されたような印象を与える。この出来事の間に前章で述べた筆箱の人形と石のことをユングが忘れてしまうのもこれを裏付けているかもしれない。つまりこれを境にユングは魔術的で空想に満ちた世界を忘れてしまうのである。これは少年から大人へ、古代人ユングから近代人への移行を意味しているかもしれない。だからエレンベルガーが言うように、ユングの治療方針は患者を現実に戻すことであるという理解、あるいは誤解が生まれてくるのかもしれない。

しかしこの出来事はそのような単純な考え方で理解することはできないと思われる。これには神経症のメカニズムとそれの治療の本質が現れていると考えられるのである。ユングが神経症とは何かを教わったというのならば、ユングが神経症の本質について何を感じとったかを、ギーゲリッヒの解釈に主に沿いつつ明らかにしていきたい。

神経症＝トラウマ説への疑問

この物語は、ユングがあるクラスメートに突き倒されて頭を打って、そのショックで学校に行かなくなったような印象を与える。これはある外傷的な出来事によって神経症が生じるという理論を裏付けているかのようである。日本において常に問題になっている「いじめ」による不登校や心理的葛藤という状況にも合っているかもしれない。多くの心理療法の学派において、親子関係をはじめとする家族との関係にしろ、社会における人間関係や事件にしろ、生活史において何か神経症の原因となる出来事があるという考え方が支配的である。特に近年において地震や災害の後のPTSD(外傷後ストレス障害)や解離性障害における性的外傷体験を重視する考え方が支配的になるにつれて、外傷というパラダイムは心理療法の中心的なものになりつつある。しかしこれによると神経症は過去における何かの外傷的出来事が原因となって、その結果として引き起こされていることになる。これは言ってみると、かなり因果的な考え方である。そしてすでにフロイトが、幼いころの性的な外傷体験によって神経症が引き起こされるとはじめは信じていたけれど、実際にそのような出来事があるとは限らないことに気づいて、物理的な現実と違う心的現実ということを提唱しているのに、再びこのような理論が広まるというのは不思議なことではなかろうか。

それに対してユングが『自伝』で述べていることは印象的である。ユングは頭を打ってふらふらしている時に「もうお前は学校へ行かなくてもよい」という考えが心にひらめいたのを感じたという。つまり倒されたショックそのもので学校に行けなくなったのではなくて、ユングにそのような考えがひらめいたからこそ、学校に行けなくなったのである。またユングはその時に、厳密に必要であるよりは少し長い間、横になっていた。つまりそれは純粋に身体的な反応ではなかったのである。そして神経症から治ったときにユングは神経症のメカニズムを理解する。つまり「他ならぬこの私が、全く恥ずべき状況を調えたのだ」ということをユングは見抜くのである。だからユングは自分を押し倒した級友に一度も心底から腹を立てなかったのである。そしてユングは述べている。

「事件全体は、私の側の悪魔的な筋書きによっており、彼はいわば、そそのかされたものであることを私は知っていた」(『自伝』)

ユングが述べていることから明らかなのは、何か外的な出来事、外傷的な事件があって、それを原因として神経症が結果として生じるのではないことである。神経症は、他ならぬユング自身が調えたもの、ユングの側の悪魔的な筋書きによったもの、つまり魂が作り出したファンタジーなのである。ユングが押し倒されて、それ自体は痛くてショッキングな出来事であったとしても、だからといってそれによってユングが学校に行かなくなる必然性はない。「これで学校に行かなくてもよい」という筋書き、ファンタジーがあってこそ、神経症は生じてくる。外的な事件は、魂の作り出した筋書きに利用されているだけなのである。

だから神経症であり続けるためには、何か一度だけ傷になる出来事があっただけでは不十分で、繰り返しその傷のせいであるというファンタジーを生みだし続けねばならないのである。後にユングは述べている。

神経症の本当の原因は今日にある。なぜならば神経症は現在に存在するから。神経症は決して過去に由来していつまでも引っかかっている無価値なもの(caput mortuum)ではなくて、日々維持され、いやいわば日々新たに創造されるのである。そして今日において神経症は「治癒される」のであって、しかし昨日ではないのである。

(「心理療法の現在の状況」GW10. § 363)

ファンタジー

第一章ですでに現実性《リアリティー》について述べたが、ここにはユングの現実性《リアリティー》についての考えがよく出ている。つまり神経症をはじめとする心的な出来事は、何か外的な出来事の結果として引き起こされたり、あるいはそれに随伴して起こる二次的なものではなくて、それこそが第一の現実なのである。むしろ逆に外的な出来事の方が「それにそのかされ」「筋書きに利用されている」副次的なことなのである。時間的に見ると二次的で結果として生じているように見えるファンタジー、心的な出来事こそが第一の現実なのである。後にユングは、esse in anima(魂の中の存在)ということを提唱し、「魂は日々現実性を作り出す。この活動はファンタジーという表現でしか名付けることができない」(『心理学的タイプ論』)と述べているが、ユングからすると、心的現実こそが第一の現実なのである。

神経症の特徴は、あるファンタジーを創造しておきながら、それがファンタジーであることを忘れることにある。ファンタジーであったはずのものを「現実」として固定してしまう。押し倒されたから学校に行かなくていいのだというファンタジーを作り出したのが、押し倒されたから学校に行けないという「事実」、「現実」になってしまう。だからそれをファンタジーとして見通す必要がある。ところが多くの神経症理論は、神経症を「現実」とみなしてしまい、それの原因を探ろうとする。たとえば学校に行かなくなったのには、どのようなトラブルが家や学校であったのかを探ろうとする。これは原因をいわば捏造《ねつぞう》するという神経症と同じメカニズムにはまってしまっていて、神経症をますます強めてしまう結果になっているのである。

それではユングの神経症の場合にはどのようなファンタジーが働いていたのであろうか。ユングは学校に行かずにすんで、夢想にふけり、いろいろ子どもっぽい遊びをしている。つまりユングは子どもと大人の中間にいるはずなのだが、神経症は彼を子どもの世界に留めさせてくれるのである。ユングの神経症の定義は、全集のあちらこちらで認められるように、「自分自身との不一致」(Uneinssein mit sich selbst)である。つまりここで言うと子どもであり、大人であるという状態である。この矛盾を神経症は断ち切って、子どもの世界に安住することを可能にするのである。大切なのは、ユングは子どもでありたい、遊びたいというのと同時に、大人でありたい、外の世界に出ていきたい、という気持ちを自分で持っていて、葛藤になっている、あるいは分裂が生じていることである。両方がユングの内的現実なのである。これが内的には子どもでありたいけれども、単に外的に勉強の圧力がかかっているのなら神経症と言わないのである。

ユングがその当時にしていたことは、今日の日本で不登校やひきこもりと呼ばれているものに似ている。そして今日の不登校の子供たちがするのと同じように、ユングもいろいろと夢想にふけったり、それを絵やマンガにしたりしている。このようなファンタジーの産物を絵画療法のようにして治療に用いることもよく為されている。しかし単にファンタジーの世界を共有することだけが必ずしも治療ではないのである。神経症において、ファンタジーを作っておきながら、それを現実と思ってしまっているのを見抜いていく作業が必要なのである。

ユングは父親が生計の心配をしているのを聞いて、決意して勉強するようになり、神経症を脱する。これを単に、外的圧力によって因果的に決意したとか、現実に戻ることによって神経症は治ると解してはいけないであろう。神経症になるときに級友から突き倒されたことを魂が自分のファンタジーのために利用したように、ここでも父親のことばを、魂は神経症から治るために利用したのである。そうでなければ、神経症のメカニズムを親や治療者が説明したり、アドバイスを与えるだけでクライエントは治ることになる。けれどもたとえば勉強しなくてはいけないというアドバイスを与えても、それが魂の外から生じている限りは何の結果も生じず、魂によって自分のファンタジーとしていわば内側から使われてこそ機能するのである。

イニシエーション

ユングはこれによって、子どもの世界から大人の世界に移行していく。つまり絵を描いて遊んだり、夢想にふけったりするのではなくて、仕事をし、勉強をし、社会の期待に応える存在に変わっていったのである。これはイニシエーションであると言えよう。成長や発達というのは、植物が生長して伸びていくような連続的な変化を意味しているけれども、ここでのユングの変化には飛躍がある。心理学的に見ると、このような非連続的な変化、イニシエーションこそが重要なのである。

ユングが神経症を自分自身との不一致、自分自身の分裂として捉えていたことは述べた。われわれが一般に理解しているユング心理学は、分裂を文字どおりに統合するように努める。しかしながらユングは、文字どおりに分裂を統合することを考えていたわけでもなくて、たとえば「自分自身と一致していないことに気づいたら、個性化されている」(『書簡集Ⅲ』Br. III, 51)ということも述べている。しかしユングの神経症の場合には分裂が保ちきれていない。大人と子供との間の矛盾を断ち切って一方的に子どもの世界に浸ることによって神経症に陥ったように、一方的に大人の世界に出ていくことでユングは神経症を解決している。この断ち切り方、分裂の仕方に近代人の特徴を認めることができよう。

この同じころユングは別の重要な体験をしたと『自伝』で述べている。学校へ行っている途中に、ほんの一瞬だったが、濃い雲から出てきたばかりだという抗しがたい強い印象を受け、「今や、私は私自身なのだ！」という体験をしている。それまでは「私」はなかったが、この瞬間に「私は自身に出くわした」と述べている。これはユング自身も述べているように非常に重要な体験であるし、またきわめて近代的な自我体験であるとも言えると思われるので、このことを少し考えてみたい。

2　第一人格と第二人格

内面性の誕生

「今や、私は私自身なのだ」というのは前章で述べた人形の石の体験と正反対である。人形の石の場合には魂は石という具体的なもので、しかも自分の場所を身体の外に持っている。それに対してここでの「私」という体験は、全てのものを否定してそこから切り離されている抽象的なもので、どこにもその場所を持っていない。もしも場所があるとしたら、自分の身体に同定される可能性が高く、魂は人間の内に置かれることになる。これが内面性の誕生である。だからこれを境に『自伝』に述べてあるようにユングが人形の石のことや筆箱のことを忘れてしまったのは不思議でない。そして人形の石は形としては現れていながら秘密として隠されているところに本質があったのに対して、この「私」は逆に目に見えない抽象的なものでありながら意志を持って主張するなどして自分の存在を示していく。ユングは「以前は、これやあれやをするよう命じられていたのだったが、今や私は、自分の意志を働かせるようになったのである」と述べている。

ユングは「今や、私は私自身なのだ」とか「この瞬間、私は自身に出くわしたのである」と述べている。抽象的な「私」の体験には必ず、鏡映、反省の契機が含まれているのは興味深い。つまりあらゆる具体的なものから切り離された一点である「私」はそれだけで存在するのではなくて、必ず相手、もう一つの私を必要とするのである。同じようにユングが神経症から抜けようとして懸命に勉強していた時にも、「こん畜生！　発作なんか起こすもんか」と独り言を言って勉強を続け、「さあ、本当にお前は働くようにならなければならないのだ！」と自分自身に対して語りかけている。この独り言、いわば自分自身との会話にも同じような自己反省の契機が認められるのである。「私は私」というのは自己反省の形に他ならない。意識の誕生とは、自分が確立されると同時に、自分が自分自身から区別されることなのである。

　だから「私は私」ということは、必然的に自分が自分でないということを含んでいる。同一性が同時に差異性、不一致を含んでいることが興味深い事実なのである。しかしながら「私は私」というのは特殊な形の同一性と差異性である。これは石とユングの関係の場合と比べてみるとよくわかると思われる。この場合に「自分は石だ」あるいは「自分の魂は石だ」という表現がかなりユングの実感に近いと思われる。それはAはBであるという同一性の文章である。しかしながらこの場合には明らかに、自分は石ではないという差異性が含まれてしまっている。自分は石であって同時に石でないのである。ところが「私は私である」の場合には、同じもの、つまり私が二度繰り返されて、一見すると差異がなくなっている。これが問題なのである。さきにユングの神経症の解決は、自分自身との不一致を断ち切って、一方的に大人の世界に移行することで逆に文字どおりの分裂を生じさせてしまっていると述べたが、これが自分自身との関係についても言えるのである。差異性や不一致を乗り越えて一見すると同一性が成立する結果として、第一人格と第二人格という文字どおりの分裂が生じてくる。

　ユングが自分のなかに二つの人格を意識しはじめるのは、私は私自身であるという体験をしたのと同じ頃であるのは興味深い。この二つは非常に関連することなのである。ユングはルツェルン湖畔に家を持っている知り合いの家族に招かれた時に、事前に忠告を受けていたのにもかかわらず、湖に漕ぎ出したボートで向こう見ずなことをしてしまって、こっぴどくしかられる。ユングは一方でしかられるのはもっともだと思いつつ、同時に自分が侮辱されていることに怒りを感じる。その時ユングに、自分が、

現に、二人のそれぞれちがった人間であるということが心に浮んだ。一人は、代数がわからなくて自信のもてない生徒であり、もう一人は、偉そうにした権力者で、軽んじられてはならないこの〔知り合いの〕工場主と同じくらい有力で勢力のある男だった。この「もう一人」は、十八世紀のバックルのついた靴をはき、白いかつら

をかぶった老人で、後の車輪が高く、くぼんでいてバネと皮ヒモの上に箱が吊してある弾み車にのってドライブしているのだった。（『自伝』）

自我・分裂・結合

このもう一人の人、即ち第二人格が、十八世紀に住んでいるように感じられたことは、オカルト的なこととして理解すべきではなくて、第二人格がユングの個人的なこころを超えていることを示していると考えられるべきである。ユングは第二人格に入っていったものはその中で全宇宙を垣間見るとも、そこでは何も人間を神から分離させないとも書いている。これは後における自我と自己(Selbst, self)などの考え方の基礎となったと考えられる。即ちユングは意識の中心としての自我を、無意識を含めたこころ全体の中心である自己と区別している。だからユングは第一人格と第二人格との間の関係は精神医学的な意味での分裂ではなくて、あらゆる個人の中で演じられていると述べているのである。

しかし第一人格と第二人格との関係は、誰にも生じることであって、ユングはそれをラディカルに意識したにすぎないと理解してよいのであろうか。第二人格とは誰にもある普遍的なものであるとみなしてよいのであろうか。第二人格は真の自己として何か客観的に存在するものがたまたまユングの場合に意識されたのではなくて、むしろ「私」

というものが成立し、私の絶対的な同一性を確信することによって生じてくる分裂が生み出したものなのであり、その意味では極めて近代的な出来事なのである。「私は石である」あるいは「私の魂は石である」というのは、チュリンガーの例からもわかるように、古代から人類に普遍的なものであったと考えられるが、この場合には私と石との間の関係は、同一であると同時に差異を持っている。私は石であって石でない。しかし私が私であるという近代的自我の場合には、私は絶対的な自己同一となってしまい、差異が失われてしまう。すると異なるものは極端な分裂として生じてくるしかない。私は私であって私でない。この私でないものが第二人格なのである。

このように文字どおりの分裂にならざるをえないところがユングの近代人たるゆえんなのである。分裂は人生の前半と後半、普段の居所であるチューリッヒ郊外の湖畔にあるキュスナハトと古代的な生活の場所である湖の南端に位置する石で作られたボーリンゲン、結婚相手の女性像であるエンマとアニマ的な女性像であるトニーなど、様々な形で現れてくることがこれからの叙述でわかるであろう。近代人としての分裂を生き切り、それと対決していったところがユングの人生の特徴でもある。

そしてさらに文字どおりの分裂は文字どおりの結合を求めることになる。岩田慶治を引用しつつ述べたように、アニミズム的世界は、多が一で一が多であるような世界である。そこでは全てが融合していると同時に、全てがそれぞれにユニークな存在になっている。すでに融合しているものに結合や統合の必要はない。それに対して文字どおりに分裂しているものは、統合したり結合したりする必要があり、またその結合の形も文字どおりのものになってしまうのである。ユング心理学において重視される結合を考える際に、これは考慮する必要があることなのである。ユングにおける結合は非常に複雑なものであって、先の神経症に対する「自分自身と一致していないことに気づいたら、個性化されている」という考え方を見ても単純なものでないことがわかる。しかしながら分裂を克服するという文字どおりの結合に捉えられる可能性も強いのであり、またそれが一般に広まっているユング心理学の理解であろう。

3　キリスト教と聖餐式

大聖堂と神のヴィジョン

自分のなかの二つの人格をはっきりと意識した同じ年に、ユングはファルスの夢につながるようなヴィジョンを見ている。ある晴れた夏の日に大聖堂の広場に行って、ユングはあたりの景色の見事さに圧倒されて、世界は美しいし、教会は美しいと思う。神がこれら全てを創造し、青空のはるか彼方で黄金の玉座に腰掛けている、と考えたとたんに、大きな穴のこと、つまりファルスの夢のことが浮かんできてユングは息苦しくなってくるのである。最初ユングは、おそろしい罪を犯そうとしているので考えちゃいけないと思う。しかし苦しさはますますつのっていき、三日目の晩に大聖堂と神について再び考えているのに気づき、今それがやってくるので前もって考えねばならないと決意する。そして神も自分に勇気を示すことを望んでいるのだと思った後で、ヴィジョンが生じてくるのである。

ユングは考えの浮かぶのにまかせた。すると、

私は自分の前に大聖堂と青空があるのをみた。神は地球の上のずっと高い所で、黄金の玉座に坐っており、玉座の下からはおびただしい量の排泄物が、きらめいている新しい屋根の上にしたたり落ち、屋根を粉みじんにこわし、大聖堂の壁をばらばらにこわすのである。

というヴィジョンが生じてきた。ユングは途方もなく心が軽くなって、名状のしがたい救いを感じた。ユングが述べているように、これが直接的で生きた神であった。普通ユングは形而上学的、あるいは神学的な議論をしているように取られないために、自分は「神のイメージ」だけを扱い、心理学的な考察をしているのだと強調し、また自分の主張に制限を加えている。しかし『自伝』ではユングは「神のイメージ」という表現にこ

だわっていない。編者のヤッフェも述べているように、ユングが直接に神について言及しているのは『自伝』においてだけであり、それだけにユングが本来述べたかったことを垣間見させてくれるのである。

この夢にも身体的イメージが登場するのが興味深い。ユングの記憶している最初の夢にファルスが出てきて、それは食べることに関係していて、今度は排泄物の夢である。周知のようにフロイトはリビドーの発達として、口唇期、肛門期、男根期というのを考えたが、ユングの夢を取り上げてみても、フロイトの着眼点の重要さがよくわかるであろう。しかしリビドーの器官はこのように発達的に並ぶものではない。それにたとえユングの夢でファルスや排泄物が登場しても、ファルスは巨大な木のようであるし、排泄物は大聖堂に神が落とすものであるので、極めて非個人的であることが特徴的であろう。逆にフロイトの着目した身体イメージは、個人的なコンテクストに押し込めずに捉えていくことが可能であるとも言えるのである。

他のユング派の人ならばこのヴィジョンをどう解釈するであろうか。やはり美しくて完全な神が汚いものを持っているという補償的な作用として理解できるのであろうか。あるいは神の身体性として捉えられるのであろうか。いずれにしろこれはファルスの夢に対するコスモロジー的な解釈につながるものである。善なる美しい精神的で上にある神が悪や醜いものも含んでおり、下の身体性にまで及んでいるというものであろう。しかしこれは構造的でスタティックな見方にとどまっている。

理性の彼方まで考えぬく

ここで山折哲雄がエクスタシーについて書いている論文を参考にしてみたい。精液というのが上への超越であるのに対して、排泄することは下への超越であるという。この場合にもやはり上と下というコスモロジーが認められるけれども、それは閉じられた上と下との間の関係ではなくて、いわば下に突き抜けていくのである。その意味では上に突き抜けるのも下に突き抜けるのも宇宙的な次元に抜けていくこととしては同じなのである。排泄は上下の軸や身体性にこだわっているように見えながら、それを超えた次元にかかわっているのが興味深い。山折は、ルターが便秘に悩まされていて、いかに排泄のときに快楽を感じたかに言及している。もちろんルターの場合には、肛門にいると信じていた悪魔を押し流してしまうニュアンスが強いのであるが、鎌田東二も述べているように、排泄のときには理性を超えたところでの解放感がある。排泄をせずに止めているものは様々なコントロールであり、それには教義、理性、罪悪感などがあろうが、排泄の解放感とは、それを超えたところで出てくる神のリアリティーなのである。その意味でユングが生ける神についてこの文脈でふれているのには納得がいく。バフチンが排泄は古き世界の死と新しい世界の誕生を同時に表現しているとしているが、まさにこれは世界の破壊であり創造である。

　興味深いのは、ユングが考えることを放棄することによってでなくて、「前もって考えなくちゃ」と自分に言ったように、考えることによって理性を超えたところの解放感や神のリアリティーに出会ったことである。だからこれは単なる身体性の強調や、理性の放棄として理解されるものではなくて、ここには最高の思想がこめられているのである。排泄は「自然な現象」として登場しているのではなくて、最低に思われることが最高であったり、不要で捨てられるものであると同時に新しく生み出されるものであったりするように様々な逆説を含んだ真理の現われなのである。

　しかしこのように生ける神を知ったことによって、ユングはますます宗教的な葛藤に陥っていく。父は牧師であったが、ユングの宗教的な問いに対して満足のいく答えを与えてくれなかった。ユングに「考えちゃいけない。信じるんだ」というのが父の口癖であった。それに対してユングは、大聖堂のヴィジョンのときの態度からもわかるように、「体験しそして知らなくちゃ」と思ったのである。そうこうするうちにユングは堅《けん》信《しん》礼《れい》の準備に父親に教えを受けることになる。その時に三位一体のことがユングを強く引きつけた。つまり一つであって同時に三つでもあるという内包される矛盾がユングを惹きつけたのである。ここにも同一性と差異性についてのユングの並々ならぬ関心が認められる。ユングは後に三位一体についての論文を著しており、三位一体についてのユングの解釈や解決の仕方については後で詳しく考察したい。

「食べる」―「食べられる」の弁証法

ユングの父親は三位一体について何も説明してくれなかったが、ユングは聖餐式に望みをたくす。そこではパンを主の身体であるかのように食べ、元来は血であったワインを飲むことによって、主を自分自身の内部に摂り入れることであるのがユングにはよくわかったのである。これはユングにとってファルスの夢以来のテーマである。ファルスの夢では自分が人喰いに食べられることがテーマであったが、聖餐式では一見すると逆に自分が主の身体を食べるように思われる。しかし後にユングが『ミサにおける転換象徴』を著したときに述べているように、犠牲を捧げるものはまた犠牲に捧げられるものでもあるのである。つまり『ヨハネ行伝』に書かれているように「わたしは食べたい、そして食べられたい」のである。これは「キリストが同様に自分の肉を食う」という儀式なのである。

ユングはミサでの出来事を説明するためにゾシモスのヴィジョンにふれている。ゾシモスは紀元三世紀にエジプトにいた最古の錬金術師である。そのヴィジョンの中で祭司は自分の歯で自分の肉をずたずたに引き裂き、自分自身の中に崩れていくのである。これはイニシエーションとして死と再生の儀式にとどまらず、まさにファルスの夢にその萌芽が見られたような、食べるものが食べられるものであり、見るものが見られるものであるという主体の弁証法が成立する世界である。

しかし聖餐式の儀式で、ユングには何の宗教的体験も起こらなかった。ユングが期待していたような合体や霊的な交わりは生じなかったのである。ユング自身は、自分にすでにイニシエーションの準備ができていたとしている。従って本人に何か準備があっても、外の枠組みが十分でないとうまくいかないとも言えよう。あるいはキリスト教、及び聖餐式に用いられる象徴があまりに形骸化していたからかもしれない。そこでの儀式に使われるものは、象徴の持つ力を失ってしまっていたのかもしれない。

だから『ミサにおける転換象徴』においてユングはトーテムの饗宴に見られるような人身御供や儀式的人喰いから、聖餐式の意味を考えようとしている。つまり形式化され、教義化されてしまっているものを、生きた象徴として捉え直そうとしているのである。ゾシモスのヴィジョンもシャーマニズムにおけるイニシエーションとの関連を彷彿させるものである。

しかしこれはキリスト教における象徴や儀式の形骸化だけの問題ではない。聖餐式のユングによる描写、特に自分の気持ちの叙述が興味深い。たとえばユングは、儀式に使われたパンはいつものパン屋の焼いたパンであって、それはたいてい貧相でまずかったと述べている。しろめ製の水差しからは、ぶどう酒が同じくしろめ製のコップに注がれた。それを手に入れた酒屋もわかっていたとユングは述べている。つまりユングは子供がサンタクロースを見破るがごとく、しらけた態度でいるのである。これは石の体験のときの態度と対照的である。石に対するときは、ユングは自分の感じているリアリティー、神聖なるものの体験に、何も疑問を感じていなかった。それは疑いようのないものであった。それに対して、ここでは象徴の現実性を疑う気持ちが強く出ている。これは既成のイメージや象徴は陳腐化しやすいので、現実性を失っていきやすいのに対して、新しいイメージは現実性を持っているという説明だけでつきるものではない。

ユングには与えられた現実をそのままに受け取り、そこに没入していく姿勢と、それを疑い、見抜いていこうとする姿勢の両方が強いところが興味深いのである。後で詳しく述べるが、これはギーゲリッヒの解釈によるアニマ的なものとアニムス的なものということになろう。先にユングが神経症にかかったときにも、ファンタジーに対しては、それに入っていったり、それの現実性を肯定するだけではなくて、それを否定したり、見抜いていったりすることができると述べた。ユングにおいて、まさにこの否定したり、見抜いていったりする力も強いのである。

残された課題

そうすると「体験しそして知らなくちゃ」というユングには、神との合体や、食べる食べられる関係についても、儀式でない形が必要であったのではなかろうか。その形を探すことこそ、それに見合った論理を見つけることこそユングの課題であったように思われる。だからユングはカーニバルのような儀式を後にユング研究所で復活させても、すぐにやめてしまったのだろう。プロテスタントよりも様々な形で生き生きとした儀式を持っていたカトリックに対してユングはおそれにも似た好意を持っていたけれども、昔からの儀式を復活させれば解決するものでもない。カーニバル自体に、大聖堂に神が排泄物をかけたヴィジョンのような価値や秩序を転倒させる意味があったのは事実であるが、現代のカーニバルにまだそのような力があるかどうかは疑問である。同じような意味で、キリスト教の儀式である聖餐式を、単にトーテミズムや他の儀式に関連付けるだけでは十分でないであろう。それもノスタルジックな試みに終わってしまう危険がある。そうではなくて、聖餐式に見られる食う食われるという主体の論理をつきつめる必要があったのである。その意味でたとえば『ミサにおける転換象徴』における考察は、前半部分での見事な材料の選び方に対して、後半部分での心理学的解釈が中心化などの概念によって少し簡単すぎる気がするのである。これにふさわしい論理を見つけるのは、ユングの残していった課題かもしれない。

第三章　精神医学と現実性《リアリティー》

1　進路の決定と二つの人格

影入道の夢

ユングは人文科学に進むのか、それとも自然科学に進むのかで随分と迷う。そうした状況のなかで十七歳のときからユングは哲学書を順番に読んでいく。ユングは自分の直観の多くが歴史的アナロジーを持っていることを見出して満足する。特にユングを惹きつけたのは最初ショーペンハウエルの暗い世界観であった。後にショーペンハウエルにおける致命的欠陥を見破っているように思われたカントに興味がうつって、熱心に研究していく。深層心理学がカント哲学の構造を持っていて、ユング心理学もカント的であるように理解できることを考えると、これは興味深い事実である。周知のようにカントはイデア的世界であるヌーメノンと現象界であるファイノメノンを分ける。このようにカント世界をいわば層構造で見ようとするのは意識の下に無意識を仮定する深層心理学にも認められるパラダイムである。また元型を仮定しつつ、扱うことのでき、現象になるのはそのイメージだけであるとするユングの元型に対する考え方も、カント哲学に類似していると言えよう。形而上学的な神ではなくて心理学においては神のイメージだけを扱うのだというユングの姿勢についても同じことが言えよう。

ユングは一方で歴史や哲学、それに後には考古学に強く惹かれ、他方で動物学などの科学への興味ももっていた。両親はユングに科学雑誌の購読を許してくれ、ユングは強い興味を持ってむさぼり読んだことが記されている。これにはユングの二面性の問題、あるいはコスモロジーにおける物質と精神の対立が関係していると思われる。ユングは「科学は第一人格の必要を存分に満たし、人文ないしは歴史的な研究は、第二人格に対して有益な教えを提供していた」と述べている。これは単に進路の選択だけではなくて、人格のなかの対立が問題になっていたのである。だからここで対立のテーマについて考えておきたい。前章でもすでに第一人格と第二人格との間の分裂の問題を扱ったが、ここでもう一度取り上げることにする。

進路について迷っていた頃に、ユングは第一人格と第二人格との間の関係に重要な示唆を与える夢を見た。その夢でユングは夜に見知らぬ場所で、強風に抗して進んでいき、手で今にも消えそうな小さなあかりの周りを囲んでいた。すべてはユングがこの小さなあかりを保てるかどうかにかかっていた。不意にユングは何かが背後からやってくるのを感じた。振り返ってみると、とてつもなく大きな黒い人影がユングを追っかけてきた。しかし同時にユングはこわいにもかかわらず、あらゆる危険を冒してもこの光だけは夜中、風の中で守らなければならないことを知っていた。目が覚めたとき、ユングは直ちにあの人影は「影入道」つまりユングがもって歩いていたあかりで生じた、渦巻くもやに映った自分自身の影だとわかった。またこの小さなあかりが自分の意識であり、自分の持っているただ一つのあかりであることもわかったのである。

この夢はユングにとって決定的であった。これによって、ユングは第一人格が光の運搬人であり、第二人格は第一人格に影のように従っていることがわかったのである。つまり第二人格はそれだけで存在するのではなくて、それはいわば第一人格の光が生み出す幻影なのである。これによってユングはますます自分が第一人格と同一であると感じるようになり、第二人格から分離されていくのである。自然科学を進路に選択していったのはこのあたりのこととも関係しているのである。

プラトンの洞窟の比喩

ここでユングの光の夢をもう少し検討してみよう。これはいわばプラトンの洞窟の比喩の転倒になっている。プラトンの洞窟の比喩では、光は人間の手元にあるのではなくて背後にあって、人間は壁に映る影を見ている。しかも本当の光は洞窟の外にある。しかしユングの場合には光が人間の側に、意識のところにあって、プラトンの考える本当の存在、イデアが逆に背後に映る影になってしまうのである。さらにはプラトンの洞窟の比喩自体が神話的な世界観の転倒であることを考慮する必要があろう。つまり洞窟に入っていってそこに籠もることは、エレウシスをはじめとして、重要なイニシエーションであった。洞窟は何も存在しない闇であったり、閉じられた行き止まりのものではなくて、まさにそこでイニシエーションや治癒の夢やヴィジョンが見られたことからもわかるように、そこでこそ神々の世界が現れ、異界としての神々の世界に開いているものであった。

ユングのファルスの夢も言うならば地下の洞窟に入って行って行われるイニシエーションであり、そこでユングは光るファルスに出会ったのである。この場合の洞窟は闇ではなくて光を持ったものであり、また光は明らかに自我意識の側になく、無意識と名付けられるにせよ、異界と呼ばれるにせよ、向こう側にある。それをプラトンの洞窟の比喩は、洞窟を光がなくて、実体のない影しか見えず、解放されるべき場所におとしめている。ユングの「影入道」の夢が光の位置関係という意味では、そのプラトンの洞窟の比喩をさらに転倒させていることを考えると、これは二重に太古の世界から遠ざかったことなのである。ファルスの夢や石の体験がアニミズムやトーテミズムに類似していて、非常に太古的な世界を示していて、近代的な主体の概念の全く正反対であったことを考えると、これは驚くべき変貌と言わざるをえないのである。「私は私だ」という体験に続いて、光の夢も近代主体の確立を示しているのである。

それと同時に、ユングが近代的な意識と全く同一化しているわけでもないことも注目に値する。ユングは『自伝』のなかで第二人格をあえて否定したり、妥当でないと宣言したりすべきではないと述べている。また「私」が第一人格に割り当てられ、第二人格から分離されることによって、第二人格はいわば自律的な人格を獲得したとも書いているのである。つまりユングが第一人格と同一化したことによって、逆に第二人格はユングから離れて自律した人格として存在できるようになったというのである。そして夢で影として現れたものを「別種の禁じられた光の領域」と呼んだり、「意識の光に照らしてみると内的な光の領域は巨大な影のように見える」（『自伝』邦訳では意味が正確でないので変更してある）と述べていることからわかるように、影のように見えるのもそれ自体が影の存在であったり、意識に従属していたりするのではなくて、意識の側から見た場合に影に見えるだけなのだということにユングが気づいていたのは大切であろう。

医学への道

ユングは不意に自然科学に進路を決めるが、それにはユングの見た二つの夢が決定的であったが、その二つ目の夢でユングは森の奥の円い池に、乳白色に輝く直径約一メートルの巨大な放散虫を発見し、それに感銘を受けると同時に、知識に対する強い欲望を生じさせて、どきどきしながら目を覚ました。ここで印象的なのは知識への強い欲望である。体験するだけでなくて知りたいという気持ちが宗教に対してあったが、ユングにとって知るというのは大切なことであったのである。近代人の自我のあり方が、無限に拡大していく欲望という特徴を持っており、自然科学が知識への欲望から発展してきたことを考え合わせると、ユングの感じた欲望は興味深いことである。第一人格と自然科学への興味が重なっていたのも、自然科学の姿勢が近代的な自我のあり方と共通しているためであろう。しかしながら同時に、フォン・フランツが指摘しているように、この輝く円形の放散虫はまさにパラケルススが「自然の光」と呼んだものであるのに留意する必要があろう。その意味では上に明るい光の放散のあるファルスの夢からの連続性が認められるのである。

そのような内的必然だけでなくて、ユングは自分で生計を立てないといけない時期に来ていた。自然科学を勉強したあとでどのような進路や職があるかは不確かであった。そのような状況の中でユングは医学を勉強しようと決心する。

これについてユングは、ユングと同名である父方の祖父が医者であったので、「まねをしてはいけない」と思いつつも、医学の勉強はとにかく科学的な学科で始まるのだと自分に言い聞かせたと書いている。この選択は多分に直観によるもので、様々な説明は後からついてきている印象を受ける。なぜ医学を選んだのかということへの答えは、ユングが後に精神医学を選ぶときまで隠されている気がするのである。

ユングがバーゼル大学に入った翌年の一八九六年に、ユングの父親が亡くなる。母親の第二人格が「お父さんはお前にとってちょうどいい時に亡くなられたのだよ」と言ったように、これはお互いに理解しあえず、ユングにとって邪魔になっていた父親が亡くなったということもあるけれども、経済的な困難も意味していた。ユングは親類の助けと、骨董品の処分を手伝って歩合をもらうことによってかろうじて生活していったのである。

オカルト現象についての心理学

医学の勉強を進めていくうちに外科と内科との間でどちらを選択すべきか迷っていた一八九八年の夏休みに、ユングが教科書を読んでいると、隣の部屋で不意にピストルを撃ったような音がした。ユングがとびあがって音のした部屋にかけ込むと、父方の祖母の結婚持参金で買った丸い茶色のテーブルの縁から中央部にかけてが裂けており、裂け目がかたい木材を貫通していた。スイスの比較的湿気の多い気候の中で、しかも夏にどうして割れたのかがわからずに、ユングは「きっとおもしろいことがあるにちがいない」と思う。母親は暗い表情でうなずいて、「そうそう」と彼女の第二人格の声で「それは何かを意味しているんだよ」と言った。

それから二週間ほど経ってから、ユングが夕方に帰宅すると、家族が動転していた。今度は一時間ほど前に十九世紀初頭のこった食器テーブルの方向から音がしたのである。ユングが内側を調べてみると、食器テーブルの中のパンナイフの刃が粉々に割れていた。刃物屋に持っていって調べても、それは誰かがものすごい力を加えて故意に壊さない限り不可能だということであった。

この超心理学的できごとに対しても現実性に対する態度が重要であると思われる。ユングは「私には全く見当がつかず、起こったことを全然説明することができなかった。これは、私が深い感銘を受けたことを認めねばならなかったのでいっそう腹のたつことだった」と述べている（『自伝』）。ここでも説明のつくこと、合理的なことよりも、ユングのこころを動かしたことの方がまさってしまっている。科学を志すユングにとって、これに対して一見合理的で因果的な説明を考え出して自分を納得させることの方がふさわしかったであろう。あるいは合理的な説明がつかないと見るやいなやこれを単なる偶然であるとか、意味のないことであるとかして片づけてしまう方が簡単なことであったろう。しかしユングはこれをどこまでも現実として受けとめようとし、その姿勢からユングの心理学は出発したのであるし、精神医学への関心が生まれたと考えられる。そしてその数週間後にユングは親戚の人たちで十五歳半の従妹ヘレーネ・プライスヴェルクを霊媒として、テーブルターニングをやっているグループのあることを聞き、その例会に参加し始める。これが超心理学的現象に対するユングの受け止め方であった。そこでユングは亡くなっている人が霊媒に憑依《ひょうい》したり、別の人格が登場して話したりする現象を観察するのである。これがユングの博士論文である「いわゆるオカルト現象についての心理学と病理学」のもとになった体験である。

この論文のはじまりで、今日ならば多重人格や解離障害と言われるものが取り上げられている。ユングは自分の患者で突飛な行動をして、その間の記憶がないものを最初に提示している。オカルト現象というと、もっと超心理学的なような印象を与えるけれども、これもヒステリーについての研究なのである。その意味では、フロイトもユングもヒステリーへの関心から研究をはじめたのは興味深い。ただしその際の関心の向き方は非常に異なっている。フロイトが抑圧というメカニズムを重視し、従って一つの人格のなかで上にある意識が下の無意識と葛藤しているという構図を取るのに対して、ユングは自らもヘレーネが「並んで、あるいは相前後して存在している二つの人格の二重生活をおくっている」と述べたように、様々な人格がいわば並行して存在する解離という視点から見ているのである。従ってヘレーネについての分析も、いわゆるトランス状態になったときに、どのような人格を示すかというのに重点が置かれている。そしてヘレーネが生み出す様々な人格を、敬虔で宗教的な祖父の人格と、ウルリッヒ・フォン・ゲルベンシュタインと名のる男性名だけれども小娘のような人格の二つに分類しているのである。

だから『自伝』のなかでユング自身が述べているように、霊媒現象とのかかわりは第二人格についての関心として理解すべきなのである。即ちどのようにして第二人格が形成され、意識のなかに入っていって、統合されるかにユングは注目していたのである。その意味で自然科学や医学を選択したことは第一人格の勝利であったかもしれないけれども、結果的にはそのなかの精神医学を選択することによってユングは再び第二人格と関わることになるのである。また博士論文の最初にも書いているように、霊媒現象や解離症状といっても、ユングに特別な事象を扱っているというつもりがなかったのに留意しておく必要があろう。第一人格、第二人格というのが誰にも存在すると考えていたユングにとって、これは正常な心理学として捉えたかったできごとなのである。

共時的できごと

しかしながら、ユングの重視した心的現実や第二人格は、それにしてもなぜ超心理学的現象という形を取って現れざるを得なかったのであろうか。それはやはりユングがあまりに第一人格に同一化して、第二人格から解離していたからだと思われる。だからこそ第二人格の現れは、テーブルが割れたり、ナイフが粉々になるというような超心理学的現象という極限的表現を取ったのであろう。興味深いのは、ユングがそのような現実性を真剣に受け止めて心霊現象の会に加わることで、そこからまた二つの人格の問題に戻っていくところである。つまり超心理学現象は、なぜテーブルが割れたのか、なぜナイフが粉々になったのかという形ではなくて、ユングの生き方の中でその現実性が受け止められていったのである。

しかしながらこの現実を科学として処理しようという傾向もユングでは強い。それが後の共時性(Synchronizität)という概念などの、いわば疑似科学的な概念や説明の仕方にもつながったと思われる。共時性とは二つの事象の間に因果関係がないのに、意味ある符合が生じることである。易のような占いも、共時的現象として理解することができよう。ユング自身、共時的な出来事によく遭遇する人であったようで、魚の象徴性について考えている時に、自宅の玄関の前に大きな魚が横たわっていたりなどということが報告されている。しかしこのような経験主義や科学主義は、ユングのつかんでいた現実性を捉えるためには十分でないように思われる。

ユングの神経症について述べた際に、神経症は外傷体験によって因果的に引き起こされるのではなくて、それはその都度の魂の創造であって、魂は外傷体験を自分のファンタジーのために利用するだけなのだと述べた。だから時間的には第一の原因に思える外傷体験は、魂の生み出すファンタジーを第一の原因とする第二の原因に過ぎないのである。しかしながら魂の生み出すファンタジーが第一の原因であるので、これが時間系列的に後に来ず、同時に生じたり、時には時間関係が逆になることがある。これがいわゆる共時的できごとなのである。その意味では必ずしも共時性ということで疑似科学的に捉える必要はなくて、それは魂の生み出すファンタジー、魂の生み出す現実性の極限の形に過ぎないのである。

精神医学を選択したきっかけとして、ユングはクラフト＝エビングの教科書を読んだこともあげている。精神医学が主観的であること、それは人格の病を扱い、医者も全人格でもってそれにあたらないといけない、と書いてあることを読んで衝撃を覚えるのである。しかし全人格というのは、後のユングの思想の発展を見ればわかるように、狭い意味での人格を超えていくということにも留意する必要があろう。

2　チューリッヒ大学へ

修業時代

ユングは一九〇〇年にチューリッヒ大学のブルクヘルツリ精神病院で助手のポストに就く。『自伝』にも書いてあるように、パウル・ユング牧師の息子、カール・グスタフ・ユング教授の孫であるというレッテルを常に貼られているバーゼルから出られたことはユングにとって大きな解放感であった。

ブルクヘルツリでの数年間は、ユングにとって重要な修業時代であった。ここでユングは多くのことを患者にかかわることを通じて学んだし、よく言われるように統合失調症患者にかかわったことはユングにとって決定的な意味を持ったと思われる。これはヒステリー患者に多くかかわったフロイトが性を強調し、個人的な無意識に立脚する理論を作ったのに対して、統合失調症患者に多くかかわったユングは、個人を超えた無意識の世界を仮定せざるをえなかったとさえみなされている。しかしながらユングの博士論文について述べたように、ユングもある意味ではヒステリーから研究をはじめていると言えるので、治療の対象になった症状の種類によって理論の違いが生じているというのは単純すぎる説明であろう。ヒステリーの捉え方の違いとして述べたように、ユングは自分の第二人格の体験から、フロイトとは全く異なる前提に基づいて出発しているのである。

ユングの述べているところによると、その当時の精神医学は患者の心理に興味を持っておらず、診断の下し方や、症状の記述の仕方にしか関心をよせていなかった。それに対してユングは「診断は患者の役には立たない。決定的なのは物語である」(『自伝』)と述べる。ユングは患者の語ることに注意深く耳を傾け、また患者の個人的な歴史をたずねるのをつねとしたのである。

そのように患者の物語を聞くことで、意味がないと思われてきた妄想や統合失調症者の言葉が理解できるものであることがユングにわかってきた。たとえば手と腕とで奇妙なリズミカルな動作をする女性の統合失調症の患者がいた。これは靴屋がひざに靴をはさんで靴直しをするときの動作で、彼女は好きだった靴屋に捨てられたときに発病したことがわかったのである。だから彼女の動作は意味のない常動的な行為ではなかったのである。

無意味なものの意味と現実性《リアリティー》

あるいは『自伝』でもふれられ、一九〇七年に出た『早発性痴呆の心理学』に妄想性痴呆の例として詳細に報告されているバベットの症例は印象的である。なおこれは一九〇八年にチューリッヒで行われた一般講演でも言及されている。バベットは三十九歳のときに誇大妄想を伴ったパラノイア型の統合失調症にかかった。ユングに出会ったときには、彼女はすでに二十年間も施設にいて、完全に人格が荒廃して意味をなさないことを言っているとされていた。しかしユングは彼女の話を理解しようと試みた。そしてたとえば彼女が「私はローレライだ」と言うのは、医者が「それが何を意味するのか私にはわからない」といつも言うからで、それはハイネの有名なローレライの詩がそのようにはじまるからであることがわかった。「私はスイスです」というのは、自分がスイスという国のように自由であるべきだということを意味していた。このようにこれまで無意味だとみなされてきたものがそれほどおかしくもなく、意味をなしていることをユングは見出したのである。

「精神病の内容」という論文においても、見かけは非合理で無意味な妄想や統合失調症者のことばが意味を持っていることが強調されている。言い間違いなどの失錯行為にも無意識的な意味を見出していったフロイトの精神分析もそうであるが、無意味なものに意味を見出していったことがユングの姿勢の中で重要なものであり、だからこそイメージに関しても象徴的意味を強調するのである。

しかしこれでは多くのいわゆる「人間学的精神医学」と同じように、静的で解釈学的なものにとどまってしまう。たとえ妄想の意味を理解しても、治療にはつながらないのである。それに対してユングはバベットの場合にはあまりにも長く病気でありすぎたけれども、他の事例では注意深く患者の人格のなかに入り込んで行くことが永続的な治療効果をもたらすのを見てきたと述べている。ユングが特に強調しているのは、全く人格崩壊してしまっているように思われる統合失調症の患者においても、ときどき「正常な」人格が現れて、声や夢になって修正したり、注釈を加えたりすることである。それとコンタクトを保つことによってかなりよくなった統合失調症患者の例をユングは『自伝』で報告している。これについてはコンプレックスについて述べる際にもう一度ふれることにする。

もう一つ大切なのは、ユングにおいて意味の次元は非常に重要なように思われても、それにとどまらず現実性の次元が問題になることである。だから妄想や統合失調症者の言葉でも、それがどのような意味を持つかにとどまっているだけではなくて、それの現実性を問題にせねばならない。意味を理解するだけでは不十分で、妄想やイメージの現実性を感じることができてこそ治療がはじまるのである。また後で述べるように、元型という考え方は、まさに妄想にいたるまでのファンタジーやイメージの現実性を捉えているのである。

ユングの治療のスタンス

この機会に、『自伝』でユングが報告している治療例について二つふれておきたい。ユングには詳しい事例報告がないが、これらの例はユングの治療のスタンスを垣間見させてくれると同時に、治療における本質的なものを指摘していると思われる。

ユングが大学の催眠の課程で呈示した五十八歳の女性については、最初の治療的な体験として報告されている。この女性は七年間も左足の麻痺にかかっていたが、ユングが病気になっていた事情を尋ねたあと催眠にかけると非常に深いトランスに入り、印象深い夢を語り、催眠から目覚めようとしなかった。そしてようやく催眠から覚めさせるのに成功すると、彼女は治ったことを宣言して、呆然として見守るユングたちを後目《しりめ》に、松葉杖を捨てて歩きはじめたのである。しかし次の年の夏学期に彼女は背中の激痛を訴えて再び姿を現す。その痛みは新聞でユングの講義の予告を読んだ日から始まったことがわかる。催眠にかけると再び痛みは消失した。今回はあとで話を聞いてみると、彼女には精神科に入院中の精神障害の息子がいるのがわかった。ヒーローの母親になりたいという彼女の思いはユングに向かい、ユングを名医である息子とするために彼女は奇跡的な回復をしたのである。ユングはこれを彼女に説明し、彼女は二度とぶり返すことはなかったという。このユングによる最初の治療例は、まさに治療における転移の問題とそれの克服を扱っているといえよう。転移が生じて、それがまた解消されてこそ治療が行われるのである。同時にユングは催眠を放棄したことも述べている。催眠による治療の成果がどれくらい長続きするのかわからなかったし、患者が何をなすべきかをユングが勝手に決めるのも好まなかったのである。それよりも夢やその他の無意識の現れに従って、患者の自然な性癖がどこに導いていくかに関心を抱いていたのである。

アメリカから「アルコール中毒性神経衰弱」の診断で送られてきた患者について、ユングは連想検査を実施し、彼が恐るべき母親コンプレックスの影響で病気にかかっていることを発見する。彼の母親は大きな会社の持ち主で、彼もその会社にいた。彼のアルコール中毒はすぐによくなったが、アメリカに戻るとまた飲酒がはじまった。そこでユングは非常手段に訴えることにする。つまりユングは彼の母親に、彼はアルコール中毒で仕事ができないという診断書を書いて送って、免職を勧告したのである。この指示は守られ、彼はユングに対して激怒した。しかしこのために彼はアルコール中毒を克服したのみならず、大成功をおさめ、母親の影響下から離れて自分の道を歩んでいけたのである。ユングは自分の行為が正しいという確信を持っていたと同時に、患者に内緒で診断書を書いたことで彼に罪の意識を持ち続ける。

ここでのユングの行為は道徳的にのみならず、法的にも違法であろう。しかしユングはそれを知りつつ、治療には必要であると考えてそれに賭けたのである。その意味でユングは社会的で表面的な制度や秩序から自由に治療的洞察に従っている。聞くところによると、治療の流れの中で患者をなぐったりしたこともあるそうである。ここにも社会的な現実でない、治療的な現実性に正直でいようとする姿勢が見られると思われる。しかしこれにはリスクがあることにも留意しておかねばならない。つまりいかに心理学的に正しい行為であっても、それが心理療法の枠の中におさまらず、そのことが社会の制度のなかで判断されると、道徳的に非難をあびたり、それどころか法的に裁かれることさえもある。ユングの時代と比較にならないほど法という意識が強まっている現代社会において、心理学的な現実性に忠実であることはますますむずかしくなっているとも言えよう。またいかに心理学的に正しいかもしれないけれども、「正しいことをした」と治療者がある意味でそれに酔ってしまっても問題が生じてきてしまうことがある。ここにおいても、ユングが常に一抹の不安と罪悪感を同時に持ち続けたことが重要なのである。

3　連想実験とコンプレックス

感情と観念の複合体

ユングの初期の研究で有名なのは連想実験である。すでにご存知の読者も多いかもしれないが、連想実験とは、ある単語を聞いて、思いつく言葉を一つだけできるだけ早く答えるというものである。ユングの標準化した言語連想のリストは一〇〇語からなっていて、一〇〇語について連想を尋ねて、その際に個々の反応時間を記録する。一通り終わってから、もう一度最初から繰り返して、先に反応したのと同じ言葉を思い出して答えてもらうようにする。それが終わってから、最後に反応の奇妙なものや理解できないものなどについて質問を行うというものである。

ユングは連想実験において、様々な障害が生じることに気がついた。たとえば反応時間が遅れたり、反応語を再生できなかったり、反応するときに身振りを伴ったり、時にはその言葉には普通に反応できているのに、何でもない次の言葉に反応するときに前の言葉にまだ引っかかっていて、奇妙な反応が生じたりもする。そしてさらにこのような反応に問題のあった刺激語と反応語や、連想中に思い浮かんだことを内省した内容から、連想反応の乱れは、互いに関連を持っている場合が多く、ある観念のまわりをめぐっていることも明らかになったのである。たとえば様々な反応の乱れが、お金や経済的な問題に関連しているなどのようにである。このように意識的な思考や行動を妨げるという形で現れてきて、意識から自立している感情や観念の複合体をユングはコンプレックスと名づけたのである。

言語連想に関して述べておくと、ユングの方法は形式に着目したのが優れていた。それまでの連想研究は連想の内容にばかり注目していて、どのような刺激語にどのような反応が多く生じるかなどを調べていた。しかし反応を内容的に見ただけではあまり研究成果が見られなかったのに対して、ユングは反応時間や反応の記銘という形式面に焦点を当てることで、重要な心理学的帰結を導き出したのである。

自我も一つのコンプレックス

ここでユングにおけるコンプレックスという概念について検討してみよう。フロイトの場合には様々な心的葛藤が性的なことに還元されるのでいわば性的コンプレックスだけが中心になるのに対して、ユングの場合には様々なコンプレックスが存在する。アドラーにおける中心概念である劣等感コンプレックスはもちろんのこと、経済的なこと、親子関係のこと、攻撃性のことなど、種々様々なコンプレックスが認められるのである。これはまさに多様性の世界なのである。さらにこれはコンプレックスの多様性だけにとどまっていない。コンプレックスは自律性を持っていて、自我のコントロールに従わない。コンプレックスは自我の中心性を疑問に付すのである。だからこの意味では誰かがあるコンプレックスを持っているというよりも、ユングの言うように「コンプレックスが誰かを持っている、支配している」という表現の方が適切なのである。さらにユングは、自我も一つのコンプレックスであるにすぎないとして(『心理学的タイプ論』GW6, §810)、自我の特権的な地位を奪う。つまり自我は様々なコンプレックスと並んで存在していて、理論的には他のコンプレックスが自我にとって代わることが可能なのである。だからこそユングは自我を「自我コンプレックス」(Ichkomplex)としばしば呼ぶのである。このようにすでにユングの初期のしかも実証的研究において、近代的自我の確立と中心性に関して疑問を呈する考え方が見られるのは興味深い。

自我とコンプレックスの関係にも第一人格と第二人格の対立の問題への一つの答えが見られると思われる。第一人格は一応中心にいるけれども、それは第二人格によってとって代わられることもある。またこれは霊媒に様々な人格が憑依して語ることに関する研究から発展してきたとも言える。自我と他のコンプレックスとの間の逆転の現象は、統合失調症の場合に見られるとユングは述べている。つまり統合失調症の場合には種々のコンプレックスではなくてむしろ自我コンプレックスが抑圧されてしまっていて、それが声になって現れることがあるというのである。だからユングは統合失調症の治療においては、ときどき声などになって現れる抑圧された自我コンプレックスに注目する必要があるとしている。

言語連想

コンプレックスに関する知見だけではなくて、連想におけるタイプについてユングの述べていることも興味深い。たとえば「死」という刺激語に対して「生」という反応語で答えるなどのように、反対語などを多く用いて、言語学で言うパラディグマティックな連想を主にするタイプと、「死」に対して「こわい」などと形容詞を多く用いて、シンタグマティックな連想を主に行うタイプがあることにユングは言及している。そしてパラディグマティックな反応が概念で判断した客観的で時には型どおりで自動的な反応に傾きやすいのに対して、シンタグマティックな反応はしばしば主観的な価値判断や感情の表明に結びつきやすく、その結果としてコンプレックスが露呈しやすいとも言えるのである。ユングは前者のような反応をするものは内向的で思考をよくするタイプが多く、また神経衰弱や統合失調症の人に多いとみなしていた。それに対して後者のような反応をよくする人は、外向的で感情が豊かで、ヒステリーの人に多いとみなしていた。

この分類には後のタイプ論の萌芽が見られると言えよう。そしてこの分類で等置されて考えられていた内向と思考、外向と感情はそれぞれ別の次元に属しているとみなされるようになり、内向と外向の区別とは別に思考と感情の区別の次元が導入され、それがさらにタイプ論で見られる分類に分化していくのである。このような分類から後の統合や結合、さらにはコスモロジーや全体性の考えにつながっていくとも言えよう。

連想研究のなかで、ユングは語音連想(たとえば「つくえ」→「つくだに」)にずいぶんとスペースを割《さ》いている。線を引くなどの単純作業をさせながら言語連想を行うと語音連想が増えることなどが実験的に確かめられている。様々な実験を繰り返したにもかかわらず、ユングは語音連想を注意の拡散という説明で片づけているのである。ユングは連想研究に従事していた頃からイメージに着目していて、単に言語的な反応が生じるだけではなくて、連想時に視覚イメージが伴うことがしばしばあるのを取り上げている。そのような連想時に伴う視覚イメージを内省時に尋ねることによって、被験者の持っている世界や、コンプレックスの内容がより明瞭にわかる場合が多いのである。このような視覚的なイメージに対して、音のイメージ、言語の生み出す音韻の作用についてはやや考察が行き届いていない印象が否めない。語音連想がコンプレックスに関係している場合があることも述べられているが、それと注意の低下との関連など、さらに検討していく必要があるテーマが見られるのに、論述がものたりないのである。

言語の生み出す音韻の作用に関しては、ユングはあまり得意ではなくて、むしろフロイトの強いところであったと考えられる。フロイトは失錯行為をはじめとして、無意識がいかにしゃれのように言語で遊ぶかを描写している。そして現代のフロイト派の分析においても、語音的連想は分析における大切なテクニックであり、局面である。またフロイトの後、ラカンやクリステヴァがフロイトを批判しつつ示したように、語音連想は、無意識の生み出す意味という次元だけで理解し尽くせない、身体や無意味との関連で重要なものなのである。これは無意識を意味の次元だけにしばられずに捉えることにまでつながっている。しかしこのような側面はユングにおいて、あまり考慮されていないことがわかる。

第四章　フロイト——人間関係・思想

1　ユングと女性

妻とアニマタイプの女性

ユングはフロイトを、「私の出会った最初の真に重要な人物」と形容している。これは逆に取れば、それまでに出会った人は重要でなかったことになる。実際のところ、ユングにとってこのころは一番人間関係がクローズアップされた時期であると考えられる。それはフロイトであり、自分のクライエントでもあって後に分析家になったサビーナ・シュピールラインもそうである。

しかしその前に、ユングの奥さんの話をしておく必要があろう。ユングの妻エンマ・ユング(一八八二—一九五五)は、ユングとの間に五人の子供をもうけたが、後に分析家になり、『アニマ・アニムス』という本や、聖杯伝説についての研究を残している人である。またフロイトへの書簡に表れているように、いろいろ人間関係について腐心し、後にできたユング研究所にも多く関わった人でもある。ユングの患者に対しても、妻のエンマがソーシャルワーカー的な役目を果たしたことが知られている。ユングが自分自身のことや研究に専心できたのも、妻の財力のおかげが大きい。

ユングは一九〇三年にエンマ・ラウシェンバッハと結婚している。エンマは『自伝』の「幼年時代」でもふれられているように、親の知り合いでユングが小さい頃散歩に連れていってもらったりしたベルタ・ラウシェンバッハ夫人の娘なのである。一八九六年の父の死後に、ユングはシャッフハウゼンに友人を訪ね、母親の勧めで近くのラウシェンバッハ夫人の家も訪問する。そこではじめて十四歳ぐらいのエンマ・ラウシェンバッハに会う。ユングは一目見て、「これは自分の妻だ」と直感する。六年後にユングはエンマに求婚し、一度は拒否される。第二人格によれば身分が違いすぎて不可能なことだった。しかし数週間で状況は覆り、ユングはもう一度アタックをかけて承諾を得、ユングによれば「第一人格が裏付けられ、世界への肯定となり、第二人格は十一年にわたって姿を消す」ことになるのである。

いかにも直感の人ユングらしい結婚にまつわるエピソードであるが、ユングの妻との出会いにふれたのは、単に伝記的な動機からではない。これにユングのあり方が非常に反映しているからである。第二章で、ユングが自己との不一致を文字どおりのものとして取ってしまっていて、それが第一人格と第二人格との間の分裂を引き起こしていると述べた。さらにユングが第一人格と同一化することによって、その分裂はよりはっきりとしたものになる。同じ分裂がユングの女性への態度に現れている。自分の妻が一方的に第一人格に関係してしまう結果として、第二人格に関係する女性、つまり自分の内的な女性像の投影を受ける女性、いわゆるアニマタイプの女性が登場してくる。それがサビーナ・シュピールラインであり、ユングの分析を受けた後に重要な共同研究者で友人となったトニー・ヴォルフである。もっともユングは妻のエンマとトニー・ヴォルフとのどちらとも良い関係を持ち続けた。このような対立を持ちつつも、それを生き抜くのがユングのスタイルであったとも言えよう。あれほども無意識の世界に入り込んでいきながら、意識と無意識の両方の世界に支点を持つのが重要であることを常に強調していた立場にもそれが表れている。

サビーナ・シュピールラインに関しては、手紙と日記が発見されてカロテヌートによる本が出版されてスキャンダルになった。サビーナ・シュピールラインはロシアから治療のためにチューリッヒにやってきたユダヤ人で、ユングに治療を受けた後にチューリッヒ大学で博士号を取得し、分析家にまでなった人である。カロテヌートによる資料と本が、ユングとサビーナ・シュピールラインとの間に恋愛関係があったことを示唆したためにスキャンダルになったのである。そして特に精神分析家のベッテルハイムが攻撃的に取り上げることによって大きな問題になった。それによると、ユングは患者と親密な関係になってしまいながら、自分の地位の方を大切にし、またそれが原因でフロイトと決裂したことになる。しかしシュピールラインのせいでフロイトとユングが決裂したという解釈や、シュピールラインとユングとの間に肉体関係があったかどうかにこだわる議論には疑問があると思われる。

分析家と被分析者

治療者と患者、クライエントの関係は簡単には説明できないなぞである。その関係で体験されること、感じられることは途方もないことで、イメージとしてや主観的に感じられることと「実際の」こととには開きがある。たとえば治療者のことを救世主のように言っていたクライエントが、突然に治療者のことを悪魔のように罵倒し始めることもしばしばある。あるいはうまくいった治療のはずなのに、クライエントは治療者との別れに不満を感じていて、数年後にようやくその恨みから解放され、治療をよい体験として振り返ることができるようになったりする。恨みを抱いていた時点で治療者のことを尋ねられたら全く否定的な表現がなされたかもしれない。だからクライエントの手記や日記から文字どおりの狭い意味での「現実に」どういうことがあったか推察するのは無理なのである。

それではそもそも治療における現実とは何なのであろうか。それは治療関係の枠の中で為された心理学的な作業のことである。それはイメージのなかの出来事や、主観的に感じられたことであったり、クライエントや治療者から為されたアクティング・アウトのような出来事であったりする。しかし治療関係という枠を保ちきれなかった時、そして二人の間での心理学的な契約がどちらか一方の行為によって破られて表に出されてしまった時に、いわゆる「事実関係」が問題になる。治療関係においてはあくまで常識や法や道徳に縛られずに起こった出来事を見つめることが必要であろう。しかしそれが治療の外に出てしまうと、もはや「心的現実」を強調しても意味がなく、それは外の世界の論理に直面することになる。たとえば前章で取り上げた、仕事をやめるように書いたユングの診断書も、心理学的な出来事として受けとめられる限り意味があるけれども、相手がたとえばユングを法的に訴えると問題になる。またいかに癒しにつながったと言っても、治療中にクライエントをなぐったことが心理療法の外の世界で扱われるとそれなりの非難と裁きを受けることになる。

その意味で当事者たちが一応自分たちの間に保っていたものを、第三者が明るみに出したという意味でサビーナ・シュピールラインのケースは特殊なものと言えよう。そして肉体関係があったかないかというのは、分析の際に動いているイメージが大きいときにはいわゆる「現実」の境界があいまいになってきてなかなかわかりにくいし、またそれのみを論じることは、二人の間に心理学的に何が起こっていたかということを見逃してしまいがちになるのではなかろうか。

しかしそれにしても分析家と被分析者との間に起こること、感じられることはすさまじいものがあり、それは心理療法の諸学派の同僚や師弟関係のなかで感じられることにも言えることなのである。これは現代の心理療法の学派の中でも感じられるし、またよく耳にすることとで、しばしば悲劇につながっている。これから取り上げるユングとフロイトの関係もそうであるし、フロイトと弟子との間にもタウスクの例をはじめとして、いくつかの悲劇が生じている。また興味深いのは、フロイトがフリースや何人かの弟子をはじめとして主に男性と心理学的に深い関係を持ち、またそれ故に様々な悲劇が生じたのに対して、ユングが主に女性と深い心理学的な体験をしたことであろう。これは少年愛の世界を持ったアポロと常に女性たちに囲まれていたディオニュッソスのように対照的なのである。

2　ユングとフロイト

最初の真に重要な人物

ユングは一九〇〇年に『夢判断』が出たときにすぐにそれを読んだくらいにフロイトに注目していた。ユングは抑圧のメカニズムに関して、フロイトの考えと著しく一致することに驚く。ヒステリーや夢での抑圧のメカニズムが、ユングが言語連想で確かめた現象によく合っていたのである。言語連想検査において連想語を思いつかなかったり、反応時間が極端に遅くなったりして、刺激語がコンプレックスにふれているとみなされる場合がある。しかしながらこのような場合にたいてい、反応した当人は自分の葛藤にふれていることに気づいていなくて、混乱した原因を尋ねられても変にわざとらしい答えをするのである。これは抑圧のせいとみなされる。

このようにユングは自分の考え方がフロイトに似ていることに気づく。しかしこれはユングにとって嬉しいどころではなかった。なぜならばフロイトは学界で問題視されていたからで、フロイトと考えが近いことはユングの将来を考えた場合に決して好ましいことではなかったのである。ユングはフロイトに言及するのをやめようとさえしたが、第二人格の声に従ってフロイトに触れることにする。これはいわゆる研究者の良心などという問題でない。『自伝』にユングは「もしフロイトの言っていることが真理なら私は彼と行動をともにする」と述べている。この場合にも、真理、心的リアリティーを重視する立場にユングは立っているのである。だからこれから書いていくように、フロイトとの決裂においても、フロイトがユングから見て心的現実を大切にしなかったからというのが大きいと思われる。

『早発性痴呆の心理学』を献呈したことによって、ユングはフロイトに直接知り合う

ことになる。フロイトはユングをウィーンの自宅に招待し、二人は十時間以上にわたって話し続けるのである。ユングは、

フロイトは、私の出会った最初の真に重要な人物であった。私のその時までの経験では、他に誰一人として彼に匹敵する人物はいなかった。彼の態度にはつまらなそうなところは少しもなかった。私は彼がきわめて聡明で、鋭い洞察力をもっており、全く非凡であるのを見出した。それでもなお、私の彼に対する印象はいくぶんもつれていた。つまり私は彼を把握することができなかったのである。（『自伝』）

と第一印象を記している。

フロイトへの批判

抑圧などのメカニズムをめぐってフロイトとの見解の共通点に印象づけられていたユングにとって、一方で抑圧の内容が性的であること、抑圧の原因が性的外傷であることについては賛成できなかった。性的なことに還元することに対する疑問はアドラーも呈していたことであった。アドラーによれば、性ではなくて力、劣等感コンプレックスがもっとも大切なのである。エディプス・コンプレックスは三者関係のなかに現れてくる

が、その場合に愛する相手への愛する気持ちと、ライバルに対する勝ちたいという権力への意志とのどちらが第一の原因なのかはなかなか判断のつかないところなのである。ラカンも『トーテムとタブー』について述べていることからは、愛よりも父親と戦ったり、権力を認め従うという要素を重くみているふしがある。

これに対してユングは、性であるか、権力であるかだけではなくて、もっと一般的かつ個別的に捉えようとする。コンプレックスに関しても、ユングは性的なものや劣等感に関連した物だけではなくて、様々な種類のコンプレックスがあるとしていた。つまり性や権力も多くのコンプレックスのなかの一つに過ぎず、確かに重要なものであることは間違いないであろうけれども、それに他のコンプレックスを還元するわけにはいかないのである。自我でさえ多くのコンプレックスの一つにすぎないとするユングは、ましてや多くのコンプレックスは互いに対等であるとみなす。

一般的、かつ個別的に捉えようというユングの姿勢は、象徴の捉え方に関しても顕著である。フロイトは様々なことやイメージを性的な象徴として解釈する。たとえば長いものやとがったもの全てはファルスとして解釈される。それに対してユングはフロイトを性的なものへの還元主義として批判する。そして性的イメージが象徴化されずにそのままに現れたときには、それはやはり性的なものを示しているのであろうか、それとも何かを象徴しているのであろうかと問う。つまり性的な象徴が特権的な地位を占めるわけにいかず、全ては象徴として捉えられるのである。そして全てが象徴として捉えられるなかで、それぞれが何を象徴しているかを個別に吟味していくのが大切になる。

理論的な面からだけでなくて、フロイトにとって性的なことがなぜあれほども大切であるかが、ユングには理解できなかった。折にふれ疑問をさしはさむユングに対して、フロイトは性的なことを「教義」や「砦」とさえ表現する。このようなことによってユングは、性的なことがフロイトにとってはヌミノース(畏怖の感情を伴う聖なるもの)であり、性的なことが無意識的な宗教的要因であると結論づけるのである。いみじくも『夢判断』の表紙裏に引用したように、失われた神はいまや上にではなくて下に求められたのである。確かにフロイトからすれば宗教は性的なことに還元されるかもしれないけれども、これは性か宗教かという問題ではなくて、何を究極の存在として仮定し、何を実体化するかという問題なのである。だから本当の心理学は、ユングがフロイトにおける性を象徴として見抜いていったように、実体化されたものを見抜いていく作業を必要としていると考えられる。

逆にユングにとっては何がヌミノースであったか、何をユングは実体化して見抜けなかったかを考える必要がある。たとえばユングが非常に重視した錬金術に関しても、そこで登場する性的イメージについてはその象徴的意味を見通すことができたのに、錬金術で強調される物質は、それの象徴的意味を考えずに、そのままに物質性として受け取っている。これは既にファルスの夢に関しても、必ずしも身体性として理解できないことをユングは身体性として捉えていることを指摘したところである。だからユングについても、物質や身体性を見抜いていく必要があろう。

しかしながら実体化することなしに、いわば勘違いすることなしに心理学は可能なのであろうかという疑問もある。勘違いして何かを実体化することによって、それにコミットしてかかわれるからである。だから実体化は避けられないのであろうけれども、それにとどまっていなくて、その論理を後からもう一度抽象することが必要なのであろう。そ心理学は避けられない実体化と、それを見通していくことを繰り返していく運動なのである。

3　イメージの捉え方をめぐって

夢とは何か

『自伝』では夢の捉え方をめぐってのフロイトとユングの違いも浮き彫りになっている。フロイトは夢を単なるファサードであるとみなし、その背後にはその意味が隠されていると考える。それに対してユングにとって、「夢は自然の一部であって、騙そうという意図なぞ全く抱いていない」のである。これはフロイトとユングの決定的違いであろう。

フロイトによれば夢は歪曲されているものである。無意識にある潜在的な夢思考とそれから変形を受けた顕在的な夢イメージは異なる。夢は無意識的な欲望に検閲が加えられたことによる産物で、検閲によって「置き換え」(Verschiebung)や「圧縮」(Verdichtung)といういわゆる夢作業が行われている。「置き換え」とは夢思考と顕在夢とでは夢の中心点が移されることである。たとえば『夢判断』で取り上げられている「植物学研究書の夢」においては、フロイトが植物の研究書を書いて、眼前に置かれたその書物には植物の標本が一つ添付されている。夢内容の中心点は「植物学」であるが、夢思考ではフロイトが自分の道楽にあまりにも多くの犠牲を払いがちだという非難にある。「圧縮」とは様々な要素があるイメージに凝縮されることである。たとえば昨日会った人と自分の恋人が混ざったようなイメージが夢に登場するのもそうである。フロイトによれば、夢は夢作業を解きほぐしていって、潜在的な夢思考にたどりつかねばわからない。

ここでまず注目したいのは、無意識には悪意はないという考え方に含まれている、自然なものに対する信頼である。ユングには自己治癒力、イメージの自己展開に対する信頼がある。意識は確かにトリックを使い、だまそうとするが、無意識にはそれの通じないほどの力があるとユングはみなしていたのである。これに対してフロイトは治療において抵抗と転移を重視することからわかるように、無意識は素直に姿を現さず、常に人間関係によって媒介されているもので自然に展開しないので、そのせめぎ合いこそが治療的で重要であるとみなしていた。つまりいかに隠し、見せるかが大切なのである。ここには両者の根本的な姿勢の違いが見られる。

フロイトがイメージや夢の見せ方をとらえるのに優れている視点を提供するのに対して、ユングは見せ方にはあまりこだわらず、内容をそのまま捉えようとする。ユングからするとフロイトのやり方はテクニカルになりすぎて、素朴に内容を捉えることができないことになるし、逆にフロイトからすればユングは内容に着目するあまり、それがあたかも客観的に存在しているかのようにみなしてしまうという批判が出るであろう。

夢を顕在内容と潜在思考という層構造から捉えようとするフロイトは、まさに深層心理学のパラダイムに合致しているのに対して、ユングの夢に対する考え方は、素朴とも言えるし、非常に現象学的であるとも言える。『自伝』におけるこの言葉だけでなく、夢を現象学的に捉えようとするのは、ユングの一貫した姿勢である。だから下手に連想を広げていくよりも、夢の「イメージに忠実に添うこと」を強調しているのである。

夢の意味を理解するためには、私はなるべく夢のイメージに忠実に添わないといけない。誰かがモミの木製の机を夢見たのなら、そこから書き物机を連想するのは十分でない。それはその人の書き物机がモミ材でできていないという単純な理由からしてだめなのである。しかし夢ははっきりと、モミの木製の机だとしているのである。(「夢分析の実際的適用可能性」GW16, §320)

しかしながらユングの現象学的な姿勢は、実は本当の意味で深層心理学的であることがわかるのである。これはイメージを素朴に捉えるというものではない。連想や背後の思想を考えないということは、水平的に横滑りしてそのイメージから離れていくことを避けて、どこまでもそのイメージにとどまって深く入っていこうということなのである。そのためにはイメージをそのまま取るのではなくて、それの意味を見抜いていったりすることも必要になる。しかしながらイメージを現象学的に受け止めることは、個々のイメージ、ハイデガーの用語で言うならばJeweiligkeit(その都度のもの)を大切にする姿勢につながるのである。

個々のイメージの重要性

フロイト派の分析においては、夢は抵抗の一つとみなされることがある。抵抗と転移は、精神分析における重要な治療テクニックである。しかし抵抗とみなされると、個々の夢内容はどうでもよいものになる。それはきっかけに過ぎないのである。それに対してユングの場合には、個々のイメージが重要になるのである。その意味で後で述べる元型も、よく誤解されているように類型や背後の観念ではなくて、イメージの持つ深みなのであり、あるイメージがそれ自身以外に根拠を持たないことなのである。たとえばあるイメージが親子関係やある「現実」での出来事から水平的に導き出されるのでなくて、まさにそれ自身にしか根拠を持っていないからこそ元型が問題になるのである。だからユング派の分析においても象徴や元型をパターン的に重視すると、それは背後のものを実体化して追求することで横滑りしているだけで、ある意味でフロイト派に近くなってしまう。結局見いだされるのはアニマとか、グレート・マザーであるとか、象徴や「元型」だけになって、個々のイメージの深みを捉えきれていないのである。

フロイトの置き換えと圧縮は構造主義や言語学によって、シンタグマティックとパラディグマティック、あるいは換喩と隠喩として捉えられる。ユングの言語連想について述べたように、黒い猫などのようにある言葉から別の言葉につながっていくのが、シンタグマティックであり、黒に対して白などのようにある言葉の選択軸につながるのがパラディグマティックである。無意識は言語として構造化されているといみじくもラカンが言ったように、フロイトは言語をモデルにしているところがある。だからそれに従って、フロイトは音のイメージにも敏感である。機知やユーモアについて重要な論文を残しているし、また実際の分析においても、洒落のような音の類似による連想から、無意識的な意味を見いだしたりすることが多い。

これに対してユングの立場からすると批判があろう。ユングの立場はそれぞれのイメージがそれ自体で持っている内容を大切にするものである。だから語音の連想から他のイメージに移行するなどはとんでもないことなのである。それはイメージの破壊であり、連想による横滑りに他ならないのである。その意味で一つの言葉、シニフィアンが別のシニフィアンを指し示して、シニフィアンの連鎖を作るとみなすラカンの見方に対しても、個々のイメージや言葉が恣意的なものになって、横滑りをして個々のものが尊重されていないという批判がユングから出るであろう。

ユングのパラダイムは、「イメージは魂である」とまで言ったように、イメージであり、象徴である。だから個々のイメージの意味や象徴性が大切なのである。そしてそれの関連を見るときには、物語がパラダイムになる。ユングの夢理論において、それぞれの夢が起承転結という構造を持つことや、夢を一連のシリーズとして見ることが強調されるが、それは物語という視点からイメージを捉えていることを示している。ユングの内包するイメージと物語という二つのパラダイムはユング心理学の解釈、特にいわゆる個性化や自己実現の捉え方に対する違いに関連していると思われる。これについては後で述べたい。

集合的無意識

イメージや象徴についての捉え方の違いには、ユングでの「集合的無意識」(kollektives Unbewußte) の占める位置の重要性が関連していると言えよう。ユングは個人の経験が抑圧などによって無意識に沈んでいると考えられる「個人的無意識」と、人類に普遍的であるような「集合的無意識」とを区別する。イメージに対するアプローチとしてフロイトが性的なことに傾くのも、どうしてもエディプス・コンプレックスをはじめとして親子関係や対人関係から解釈しがちなせいであるのに対して、ユングは集合的無意識という視点から見ているために、人類に普遍的であるような象徴的な意味からイメージに接近することになるのである。

ここで、ユングに集合的無意識という考え方に至らせることになり、フロイトとの決定的な違いに気づかせた夢を取り上げてみよう。これも非常に有名なのでご存知の読者も多いかもしれないが、ユングの生き方と思想を考えた場合に非常に重要なので、あらためて話題にすることにする。一九〇九年にユングはフロイトとともにアメリカに招待され、その旅の途中にお互いの夢を分析しあったりしたのであるが、そのひとつに、二階建ての「私の家」を下へ下へと降りていくと時代がどんどんと古くなっていく夢がある。その夢の最初にユングは二階のロココ様式の広間にいて、「悪くはないな」と思ったのにもかかわらず、階下がどうなっているのかを知らないことに気づいて、一階に降りていく。そこは十五、六世紀ごろの時代で、「ほんとうに家中を調べてまわらなくちゃならない」と思いながら見て回っていると、地下室に通じる石の階段が見つかる。ローマ時代のように見えた地下室でユングの興味は強烈なものになり、床を綿密に調べて輪のある石板を引っ張るとまだ下に通じる石の梯子段が見えた。そこから更に下へ岩に彫り込まれた低い洞穴へ入っていくと、原始文化の名残のように骨や陶器の破片が散らばっていた。そこでユングはなかばこわれかけた人間の頭蓋骨を二つ見つけたのである。

この夢を聞いて、フロイトは二つの頭蓋骨に興味を持ち、誰に対する死の願望が隠されているかを探ろうとした。これはまさに夢の中心点の「置き換え」を想定してのアプローチであろう。それに対してユングの方は、「それは、私にとって個人的なこころの下に先験的に存在している集合的な心の最初のほのめかしであった」と『自伝』で述べているように、この夢をいわゆる集合的無意識の概念に関係づけた。ユングはこの家が過去の時代と過ぎ去った意識の段階とを意味していると考えた。つまり魂は個人の経験した記憶から成り立っているだけではなくて、ローマ時代から石器時代へと、経験したはずのない遠い過去にまで広がっていって、それどころか最後は「動物のたましいの活動と境を接して」いたのである。この夢は、下の階に行くほど時代が古くなっていくというふうに心の層構造を示していて、個人的な心の下にある非個人的で集合的な魂を暗示しているのである。

しかしこの夢を年代を遡っていくという層構造だけから捉えていくのはあまりに図式的で問題であろう。興味深いのは、ここでユングが再び洞窟の中に入っていっていることである。ファルスの夢で洞窟の中に入っていってのイニシエーションを受けたユングは、光と影入道の夢においては、まさに洞窟の世界から転倒された近代的な自我の立場に立ってしまっている。ところがこの夢で再びユングは洞窟の奥深くに入っていくのである。その意味でこれは第二人格の領域への回帰である。ユングにおける集合的無意識の考え方は、常に個人を越えた人格の存在を感じていたユングにとって、極めて自然なものなのである。さらにこの夢全体の構造だけではなくて、一番下の洞窟でユングが見いだしたものも興味深い。骨は犠牲の捧げられたことを暗示しており、これはファルスの夢や聖餐式で「食べると食べられること」による犠牲の問題に強い関心を寄せたユングにとって非常に重要なのである。また頭とファルスが魂の座であることを述べたように、二つの頭蓋骨もまさに魂を示していると考えられる。ここは人間の魂が創造される場所なのであり、それはおそらく犠牲と殺害を通じて行われるのであろう。

4　心的現実性《リアリティー》をめぐって

フロイトとユングの決裂に関しては、前節で述べてきたような思想の違いだけではなくて、心的現実についての感覚の違いから考察しておくのが重要であろう。前節でもふれたようにアメリカへの旅を一緒にしたときに、フロイトとユングはお互いの夢を分析しあったりしたが、ある時にユングがフロイトに自分の夢に対する連想を尋ねたところ、フロイトが「自分の権威を危うくすることはできない」と連想を拒んだ。その瞬間にフロイトは彼の権威を失ったとユングは述べている。つまりユングからすると、フロイトは心的現実よりも、自分の権威や名誉を大切であるとしたように感じられたのである。

魂のリアリティーに関するもっと決定的なことは超心理学的現象をめぐって生じた。一九〇九年にユングがフロイトをウィーンに訪ねた時に、フロイトは超心理学を否定する意見を述べたてた。その時にユングは横隔膜が燃えるように熱くなっていくのを感じた。その瞬間に本箱から爆発音がした。フロイトがこの出来事の超心理学的な性質を認めようとしなかったのに対して、ユングはなぜかわからないけれどももう一度爆発音がすることを予言して、フロイトが否定したのにもかかわらず実際そのようになったのである。この場合、フロイトは生じてきた現象を真剣に受け止めずに、合理的に説明したり、ごまかしてしまおうとした。それに対してユングは、意識や主観からするといかに不思議で非合理なことであろうとも、起こってくる現象に対して開かれていて、それを心理学的な事実として受け入れるのである。これは以前にユングが精神医学を選択するきっかけになった超心理学的な出来事を受け止めた態度と同じなのである。

魂のリアリティー

心的現実性に対するユングとフロイトの違いとしてもう一つ例を挙げると、前章でもふれた統合失調症患者のバベットに関するフロイトの発言がある。一九〇九年にフロイトがユングをチューリッヒに訪れたときにユングがバベットの事例を示した。すると後でフロイトは、確かに興味深い事例ではあるが、「いったいどういうふうにして、このみたところ醜い女性と一緒に数時間も数日も過ごすことに耐えられたのですか」とユングに言った。このような考えはユングには一度も起こらなかったものである。これは何もユングがフロイトに比べて人道主義者や慈善主義者であると言うために挙げたエピソードでない。ユングは彼女の語る妄想や話すことに本当に興味を抱いてしまうので、フロイトの気にした醜さとかは全く気にならないのである。

ユングは個人についての興味から心理療法を行っているのではなくて、あくまで心理学的な出来事に対する関心を中心においているのである。これはもちろん影の部分も持っていて、魂のリアリティーを大切にするあまりに、フロイトの夢についての連想を尋ねたときのように、個人への配慮がついついなくなってしまいがちになる。またユングがいかに興味を持っているように思えても、それはその人個人についての関心ではなくて、あくまで魂の出来事に対する関心なのである。ユングは分析においてクライエントに対して凄いエネルギーと情熱を注いでいるように思えても、後になるとすぐに関心をなくしたりしたことなどがよく言われている。これはユングが魂の出来事に深く関わっていっても、その人個人には関心を抱かなかったからなのである。

もちろん現実性に対するフロイトとユングの態度の違いは、ユングの側から見たことに過ぎないかもしれない。サビーナ・シュピールラインへの対応をめぐっては、ユングも心的現実よりも自分の地位や権威を大切にしたという批判があるかもしれない。だからこれらはフロイトをおとしめようというものでは決してなくて、むしろ現実性の問題の大切さをクローズアップさせるためなのである。

5　元型と現実性《リアリティー》

太陽のペニスのヴィジョン

フロイトとユングの夢やイメージに対する捉え方の違いを取り上げた際に、ユングの見方はあるイメージをあくまでも深めていこうという姿勢を持っていることがわかった。それの極限が「元型」という考え方であると思われるので、ここでユングの元型という概念についてふれておきたい。

ユングが象徴という考え方を重視していることについては既に述べた。外的な経験や親子関係をはじめとする人間関係からイメージを捉えるのでなくて、イメージ自身の持つ意味を大切にしようとすると、必然的に象徴性からイメージにアプローチすることになる。象徴性のいわば裏付けとなっているのが元型で、その意味で元型は典型的なモチーフであって、行動やイメージを生み出すもととなる構造のように理解されている。たとえばユングのファルスの夢におけるファルスも宇宙の木やこの世とあの世の境界や、あの世を示すファルスという元型に関連づけることができる。そして世界中の神話で、世界の中心としての宇宙の木の話が認められることが、宇宙の木という元型を裏付けていると考えられるのである。

ユングに元型という考えを抱かせるきっかけになったのは、ブルクヘルツリで出会った統合失調症の患者の太陽のペニスのヴィジョンである(『変容の象徴』GW5, §154)。その患者は目を細めて太陽を見て、首を振っていた。ユングが尋ねると、太陽にペニスがあってそれが左右に振れる。それが風の原因だという妄想を語ったのである。その四年後にユングはあるミトラ教の祈禱書が出版されたのを読んでみると、それとほとんど同じヴィジョンが載っていた。この患者がこの本を読んでいたとは考えられないので、ユングはこれには人種特有の遺伝ではなくて普遍人間的な特性が関係していて、同じまたは類似の観念を生み出す機能的な素因が、つまり元型が無意識の深い層には存在していると結論づける(『変容の象徴』GW5, §154)。

元型の証明

元型理論に関してよく問題にされるように、ユングは太陽のペニスというある類似したイメージが伝播によって生じるかそれとも伝播なしに生じるかということにこだわっている。しかしここでの議論では、因果的に二つのイメージの間の関係が説明できる伝播によるのか、それとも因果的でない元型によるのかというのは大切な論点ではない。また先に行動やイメージを生み出す構造として元型を定義したことから必然的に生じてくる、元型と元型的イメージの間の関係など、カント哲学におけるような現象と物自体の区別にかかわってくる元型の認識論的問題にもここでは立ち入らないことにする。

ここで問題にしたいのは、患者の妄想とミトラ教のヴィジョンは水平的に並んでいる二つのイメージ、現象に過ぎないのであって、そこからその底にある元型の存在は仮定できるけれども証明できるわけはないということである。いくら多くの太陽のペニスの例を様々な文化や時代から見つけてきてもその元型が存在することの証明にはならず、元型とは因果的に証明できるものではないのである。せいぜいのところ、宇宙の木の例のように、ある類型が認められるというくらいである。むしろ元型を証明しようという態度こそが、自然科学的な客観主義に立脚していることになるので、元型を本当の意味で理解していないことを裏付けているようなものである。だから類似したイメージや主題を幾つ数え上げても元型の証明にはならない。

3節で取り上げた家の夢から、ユングは集合的無意識の存在を結論づけているけれども、それに対する説明は「その解釈がぴったりきたから」というものである。元型というのは証明できるものではない。証明できないものにもかかわらず元型という言葉を用いることは、元型が構成概念であり、説明に便利であるからという印象を与えるかもしれない。つまりあるイメージに類似したイメージをいろいろ挙げて説明するよりも、ある元型に関係づけた方が説得力があり、便利であるというわけである。そのような意味では、幼児性欲やリビドー論をはじめとして、無意識という中心的な概念に至るまで精神分析の概念は全て構成概念であるということになろう。これらの概念は全てフィクションであり、実体としては存在しないけれども、これらの概念を通して見ることによって現象がわかったり、より明らかになってきたりする。

しかし元型は単なる構成概念や説明概念であるというのにとどまらない。あえて元型という言葉をユングが用いるのは、それがイメージのリアリティー、魂の現実性を表しており、またそれによってイメージに関するコミットのし方が全く異なってくるからである。太陽のペニスのヴィジョンを思い起こしてみると、ユングは「この男は気違いで、自分は正常であり、彼のヴィジョンのことなど気にとめる必要はない」(『分析心理学』

GW18, §85)とさしあたりは考える。しかしユングは「これが気の狂ったことだという考えに満足できなかった」(I was not satisfied that it was just crazy.)のである。つまりユングは太陽は単なる太陽であるとして字義通りに常識的に見る自分の意識にもかかわらずに、常識からすると奇妙な太陽のペニスという妄想の内容を心理学的事実として真剣に受けとめていっている。それはユングが太陽のペニスというイメージの現実性に打たれていて、その存在を認めているからなのである。

元型ということでユングが表そうとしたのは、人間の主観を越えた自律的な魂の現実性なのである。ユングは「観念は存在する限り心理学的に真実である」と述べて、心理学的観念やイメージを象にたとえつつ「象は存在するから真実である」と言っている(『心理学と宗教』GW11, §5)。つまりユングにとっては、いわゆる現実的に具体的に存在するものの存在が疑えないのと同じように、空想やイメージも真に存在するものなのである。それゆえにユングにとって太陽のペニスも象が存在するのと同じように本当に現実性を持って存在するもので、真実であったのであり、その存在を認めざるをえないものであったのである。

客観主義・人間中心主義に抗して

ここで大切なのはユングが、患者に対する思いやりや患者を理解しようとする気持ちからいわゆる感情移入をすることによって太陽のペニスの存在を信じたのではないことである。もしそうであるとユングはたとえ自分の主観という人間の立場を捨てているとしても、クライエントの持つ主観的世界やクライエントという人間から出発しているので、まだ人間主義の立場に立っていることになる。それではまだ人間を越えた自律的な魂の存在に届いていない。極言すれば集合的無意識というのはクライエントの人間とは関係がないのである。それゆえにたとえば統合失調症者を了解していこうとするいわゆる人間学的な精神医学は、自然科学の客観主義的な見方を克服してはいるものの、まだ主観から出発する人間中心主義的な立場に立っていることになる。自分の主観的な受け止め方や患者に対する思いやりから出発するのでなくて、個人を越えた魂の現実性から出発するところに元型の理論の本当の意味があると言えよう。だから厳密に言えば集合的無意識を個人的無意識の下にある主体の深みとしてみなすことも適切でないと言えよう。ユングが集合的無意識を「自分の心的な非‐自我(私)」と呼んでいるように(『転移の心理学』GW16, §470)、集合的無意識とはその意味では主体の深みではなくて、むしろ他者なのである。それでこそ第二人格というユングの体験に沿っていくのである。

それゆえに階層的で時代も古くなっていくユングの家の夢を例にとって、集合的無意識を個人的無意識の下にある主体の深みとして捉えることはまだ十分な理解でないことになろう。深層心理学は科学的な客観主義に対抗して、主体の深みを無意識として発見した。それゆえに内的現実とか心的現実ということが言われるのである。このことからして、元型の存在を客観的に証明しようという考えが自然科学的な客観主義に基づいているので、全く的はずれであることも理解できよう。しかし主体の深みとしての集合的無意識はまだ人間中心主義的な見方にとどまっている。ユングの元型理論はこの主観主義的な見方をもう一度転覆して、主観の深みではなくてむしろ主観から独立した魂の現実性、言うならば意識に独立で意識にとっての他者である無意識に出会ったところに意義があると言えよう。このようにユングの中心的な概念である集合的無意識と元型が客観主義の二重の転覆として脱主体主義的な意味で理解できるのである。

しかし主体の深みではなくて、他者として捉えられた無意識にも問題はある。つまり今度は無意識が他者として実体化されてしまうのである。たとえばユングのファルスの夢に関連して述べれば、目をもって見つめているファルスという他者こそが主体であり、実在するものであるかのようになってしまう。そうすると、人間主体の虚構と実体化を克服したつもりで、今度は無意識の主体を実体化してしまう。しかしそうではなくて、後の章で考察していくように、他者としての無意識の実体性も見通していくことが必要になるし、ユングの思想のなかにその萌芽は含まれていると考えられる。

第五章　精神的危機

自分がその中に生きている神話

フロイトと訣別してからユングは方向喪失の状態になり、ついには精神的危機に陥る。無意識から生じてきたファンタジーやヴィジョンはあまりに凄まじいものであったので、ユングは何度も自分が精神病になるのではという疑いを持ったくらいである。このころユングが自問自答していることが興味深い。自分は過去の人々の神話を解明し、人類が常にその中に生きてきた神話としての英雄について本を書いた。しかし、今日、人はどのような神話を生きているのか。ユングは自分がキリスト教神話の中に生きているのかと自問してみる。聖餐式での経験からしても、これは否である。ユングは自問自答する。

「ではわれわれはもはや何らの神話を持たないのであろうか」

「そうだ、明らかにわれわれは何らの神話ももっていない」

「ではお前の神話は何か――お前がその中に生きている神話は何なのか」

ここまでくると、自分自身との対話は苦痛になって、ユングは考えることをやめてしまう。

ここでのユングの言葉によると、過去における神話を取り上げても限界がある。ユング心理学ではよく様々な神話や神々が取り上げられて、イメージが解釈されたり、その神が生きているようにみなされるけれども、それはともすると過去の遺物の記号的適用に終わってしまうかもしれないのである。その神話がいかにすばらしいものでも、本当に現在に生きているかどうかが問われる必要がある。さらにはユングは、単に自分の神話が何かを問うているのではなくて、自分がその中で生きている神話が何かを問うている。これは重要なポイントであると思われる。過去における神話についてユングが書いているように、神話とは自分が持っているものではなくて、それにいわば包まれているもので、誰もがその現実性の中で暮らしているはずのものなのである。図式的に述べるならば、私という人間の中に神話があるのではなくて、私は神話の中にいるはずなのである。過去においては、それは神話が共同体によって担われているところに端的にあらわれていた。そのような神話がはたして現代において可能なのであろうか。

危機に陥ってからユングはいくつか重要に思われる夢を見たりしたけれども、方向喪失感からは解放されなかった。それは常に内的な圧力のもとにさらされて生きているかのようで、それがあまりに強くなるので、自分に何らかの心理的な障害があるのではないかと疑うほどであった。ユングは自分の全生涯の細部について二度も調べてみて、とくに幼児期の記憶には注意を払ったけれども、何もわからなかった。それで「何もわからないので、ともかく自分に生じてくることは何でもやってみよう」と、無意識の衝動に自分を意識的にゆだねることにしたのである。このあたりのユング模索の過程も、ユング理論との関連で興味深いところである。ユングは、個人的無意識と集合的無意識を区別するけれども、個人の生育史を調べてもまだ及ばないところがあるということからも集合的無意識の存在の実感があるのであろう。

1　ファンタジーの世界へ

芸術療法

ユングの心に最初に浮かんできたのは、十歳から十二歳のころに、おもちゃの積石や後には普通の石で小さい家や城をはじめとして、いろいろなものを造ったことであった。ユングは「これらのものは未だ生きながらえて、現在の私に欠けている創造的な生命を所有している」ことに気づき、その時代との接触を再確立しようとするならば、また少年のように遊ぶしかないことに思い至る。ユングは湖岸や湖の中から適当な石を集めて、小屋や城や、村全体を造りにかかったのである。湖岸で赤いピラミッド型の石を拾って、それが祭壇であると確信し、地下のファルスの夢を思い出したりしたのである。天気さえよければ毎日、昼食の後でこの建築遊びを患者が来るまで続け、仕事が夕方早く終わると、また建築に戻ったという。これによってユングの考えや空想は明らかになっていって、ユングはこれが自分自身の神話を見出す途上にあるという内的な確かさを与えてくれたと記している。

ここでユングが行ったことは、現在ならば芸術療法と呼ばれるものであろう。またユング派で形成された箱庭療法も彷彿させる。箱庭療法とは、内側を青に塗った長方形の砂箱の中に、砂で山を作ったり、砂を掘っていって底が見えると海や川や池があるように見せたりもできて、様々なミニチュアを置いていって一つの世界を作るものである。このようにして言葉という手段によらずに、何か形に表すことによってファンタジーの世界に入り、またファンタジーの世界を表現しようとしているのである。この精神的危機の時に限らず、後にも何らかの空虚さに立ち向かうときは、ユングは絵を描いたり、石に彫刻したりしたという。内的イメージに耳を傾け、それを表現すること、わけのわからない情動を形のあるイメージにして表現していくことは、ユングの治療方針において非常に重要なことなのである。

ファンタジーに入っていく

ところでユングが石で遊んでいたまさにこの十二歳の頃に不登校のような神経症にか

かったのを思い出してみよう。その時のユングも、夢想にふけり、戦闘の絵などのマンガを描いたりした。しかしそのころは、そのようなファンタジーの世界を表現することは必ずしも治療に結びつかなかったのである。その時はイメージやファンタジーに入っていくよりも、むしろファンタジーを見抜くことで治療がなされた。それに対して今度の場合はファンタジーに入っていくのである。この対照的な態度は、ユングが神経症に対して設ける区別に対応している。ユングによれば若い人のかかる神経症の場合には現実に適応できないことに問題があって、それに対して中年以降にかかる神経症は、現実には適応しているが内界に適応していないことに問題があるという。この神経症の区別は、自分が心理療法家としてクライエントから得た体験だけではなくて、自分自身の二回の神経症体験にも立脚しているのである。

しかしこのような区別が通用するのは、第一人格と第二人格との間の区別がはっきりしていて、しかも若い頃、人生の前半においては第一人格を確立するのが課題であるという前提があってのことである。それによってはじめて、思春期には外的な適応が大切で、中年期には内的な適応が大切であるというライフサイクルが描けるのである。ところが第一人格の確立というのは、神話的で内的な世界との関係を断ち切って、自我の主体性に基づく自分をうち立てることであった。これはたとえば「自分は自分である」というユングの洞察に如実に表れている。そして古代、あるいは有史以来、思春期においては一般的に、まさにイニシエーションによって、神話的な世界や祖霊を知り、それとの関係によって自分を捉え直すことであったとすると、ユングの言う第一人格の確立は非常に近代に特殊なことなのである。

さらには現代では、近代人の自我の確立が疑問視されているなかで、この図式も当たり前でなくなってきていることを考えると、果たしてユングの言うような人生の前半と後半の区別が通用するかどうか疑問なのである。思春期や、時には少年期に内的適応が問題になってくるときもあるし、いわゆるアイデンティティー拡散の状態で、中年期になっても自分のやることがはっきりしない場合さえある。だからユングが中年以降の神経症に自分の心理学の独自性を認め、しかもいわゆる外的な適応を内的な作業を行うための前提条件にしていたのが必ずしも当てはまらないことに留意する必要があろう。たとえば不登校の子どもとの心理療法において、ユングが行ったような芸術療法が行われ、非常に深い内的世界が展開されることもしばしば認められるのである。

ファンタジーを見抜く

このようにユングの体験や時代による偏りを訂正すると同時に、どこにユングの洞察の普遍性があるかを考えるのも大切であろう。すでに第二章でも述べたように、少年期の神経症においても、単純に現実への適応が課題になっているのではなくて、むしろ現実を造りだし、ひいては神経症を造りだしているファンタジーをいかに見抜いていくかが問題なのであった。するとユングの洞察の本質的な部分は、内的適応と外的適応という対立ではなくて、ファンタジーに入っていくこととファンタジーを見抜く両方の働きの大切さであろう。そしてこの両方の要素は、ある場合にどちらかというのではなくて、両方が密接に関連しているはずなのである。そうすると一見すると中年期以降の神経症においては、ファンタジーに入っていって、それを表現するのが大切であるようであっても、ファンタジーを見抜く作業も行われているはずなのである。あるいはファンタジーを見抜くことによって、ファンタジーにより深く入っていくことさえ可能になるのである。

ユングの中年期の神経症において、見抜いていく作業は何であったのであろうか。それは一つには、ファンタジーとして表現されたものを芸術として捉えないで、その意味を考えていく姿勢にあったと思われる。ユングは、もしも自分の空想が芸術であるとすると、それはユングの目に映り、表現されているだけで、それに対して何らの倫理的責任を感じなかったであろうとしている。ユングはファンタジーに没入したり、それを表現することが自己目的にならないように、それを理解し、具体的な結論を引き出そうとしたのである。二〇〇九年に公刊された『赤の書』でも、精神的危機を迎え、無意識をイメージにもたらしていたユングは、必ずイメージの後に心理学的理解を書いている。

これについては、ファンタジーとの関わり方には意味を捉え、倫理的な決断を引き出す態度だけではなくて、美的な関わり方も可能であったのではという批判もある。ユング自身も、ファンタジーに対して、あまりに美的洗練を加えたり、逆にあまりにその意味を理解しようとしたりする両方の態度を批判しているところもある。

もう一つユングが自分のファンタジーを見抜いていく上で重要になったのが錬金術である。ユングは自分がイメージを個人的に体験するだけでは満足できず、歴史的な裏付けを求めようとした。さもないとユングのファンタジーは単なる特殊な体験にとどまってしまうからである。しかし錬金術に関しては、歴史的な裏付けというより、ユングの体験したイメージに必要な論理を提供した面が強いのではと思われる。それについては第八、九章で詳しく論じたい。

2　血のヴィジョンと犠牲

犠牲の血の生命への転換

一九一三年の秋頃からユングが自分の内部に感じていた圧力は外界へと移動しつつあるように思われた。十月にひとりで旅行していたときに、ユングは圧倒されるような幻覚にとらわれる。恐るべき洪水が北海とアルプスの間の北の低地地方をすべておおってしまって、洪水がスイスの方に進んでくると、国を守るために山がだんだんと高くなった。巨大な黄色い波や、文明の残骸が浮いているのや、無数の溺死体が見えた。すると海全体が血に変わった。この幻覚は約一時間続いて、ユングは困惑し、吐き気をもよおした。二週間たって、同じ幻覚が再び生じ、一九一四年の春と初夏ごろに、寒波で土地が凍結してしまう夢を三度見る。そして八月一日に第一次世界大戦が勃発したのである。

ここでまず印象的なのは、血のイメージである。これまでのユングの重要な夢においても、ファルス、食べること、排泄物など身体に関係するイメージが登場していた。ファルスが頭とともに魂の座であり、また冥界に属することを意味し、食べることが犠牲を捧げるものが自ら犠牲として捧げられることを意味するなど、身体のイメージは極限的なものの表現として登場している。ヨガをはじめとする精神的修行が身体を通して行われ、身体に関する神秘学が数多く存在するように、身体こそ象徴や意味で表しきれない極限のものを示してくれるのではなかろうか。あるいは身体イメージでも表しきれないところでは、後で取り上げる『死者への七つの語らい』を書いたときにユングが感じた重苦しくて呼吸をしかねる感じのような身体感覚が大切なのかもしれない。

血のイメージとは何であろう。たとえばロールシャッハ図版に対する反応で「血が出ている」と言ったり、海全体が血に変わる夢を見たりしたら、精神病を疑われたり、そうでなくても危険な兆候と受け取られかねないであろう。しかしここでのユングの態度は印象的で、イメージを病理的に見ていかないのである。何か意味がある、自分、狭義の自我よりも高い意志があるという確信を持っているのである。血のイメージとは生命力であったり、情動であったり様々なものを意味するであろうけれども、この文脈でおそらく大切なのは犠牲のイメージである。そして聖餐式において、イエスの身体であるパンを食べ、その血であるワインを飲むということに小さい頃から魅せられていたユングにとって、犠牲としての血は決定的なものであったろう。

後にユングは錬金術の文脈の中で、水は血と同一であること、魔術師のシモンによれば剣によって流された血は男においては精液に、女において乳に転換することを書いている。「この転換こそ『生命の木への道を見張るために、転換する燃える剣』である」という。犠牲として流された血は生命を生み出すのである。興味深いことに一九一四年に見た三つめの寒波の夢において、結末部で葉がついているが実のなっていない木が立っていた。ユングは生命の木だと思う。その葉は霜の力によって変容され、治癒力をもった汁で満たされた甘いぶどうになった。ユングはぶどうをむしりとって、待っているたくさんの群衆に与えてやった。これも発酵するというワインの変容にまで至っていないけれども、犠牲の血が既に転換してきていると考えられる。もしもユングが考えるように犠牲として捧げられる人は同時に犠牲を捧げる人でもあるとすると、犠牲として捧げられた血は、ユングの分け与えている甘いぶどうの汁として、人々のところに戻ってきているのかもしれない。ユングがたくさんの群衆にぶどうを与えているところは、まさにこの犠牲がユング個人の問題にとどまらないことを示していると思われる。

現実と内的イメージの符合

ユングの血のヴィジョンと寒波の夢は第一次世界大戦に重なる。そしてユングが心筋梗塞になって生死の境をさまよったのは、第二次世界大戦のときであった。このように世界の危機と自分の危機のコンテクストが重なるところが興味深い。一九九五年にあった阪神大震災において、自分のクライエントや事例検討会で知った多くのクライエントにおいて、地震がその人の生活史において不思議な意味を持っていた。何人かについては、この人のせいで地震が起こったに違いないという奇妙な確信を起こさせるほどであった。ユングが集合的無意識ということを言うように、深いところで悩み苦闘していればいるほど、そのような符合は生じやすいのかもしれない。

しかしこれを変に予知夢や予言のように現実につなげてはいけないことは強調しておく必要があろう。過去の事実に還元することによって夢やイメージを理解することがイメージの現実性からずれているだけではなくて、未来への予知として受け取ることもイメージからいわば横滑りしてしまっていて、イメージの現実性を考慮していないのである。たとえばこの場合でも、ユングのヴィジョンは戦争を予知していたのだとして片づけられてしまって、そのイメージ自体の意味は忘れられてしまう。むしろいわゆる「現実」で内的イメージに符合することが生じたときには、イメージの現実性の強調として受けとめる必要があろう。自分の見た血のヴィジョンと、世界で多くの血が流されているということは、いったい何が起こっているのであろうと。その意味でユングの受けとめ方は真剣であったと言えよう。

一九一三年の降臨節のころ、ユングは暗い洞窟の中に入っていくヴィジョンを見る。そこにはミイラにされた皮のような皮膚をした小人が一人立っていた。ユングは彼とすれちがって、狭い入り口にもぐり込んだ。そして膝までの深さの冷たい水の中を渡って、洞窟のむこうの出口に出た。そこには突き出て、岩の上に輝いている水晶があった。ユングはそれをつかみ、もちあげるとその下に穴があるのを発見した。はじめはわからなかったが、そこには水が流れていた。そこには死体が浮かんでいた。ブロンドの髪で頭に傷のある若者であった。それに続いて巨大なエジプトの黒い甲虫が流れて来、深い水の中から続いて新しく生まれた赤い太陽が昇ってきた。光でまぶしくなって、ユングは水晶をもとにもどそうとしたが、そのときに血が湧き出てきた。血の濃い噴射がとびはね、ユングは胸が悪くなった。血の噴出は耐え難いほど長い間続いたように思われた。

ユングはヴィジョンに肝をつぶしてしまう。洞窟の向こうに出口があることは、英雄と太陽が死んで夜の航海を経て再生してくることを示しており、またエジプトの甲虫が再生を象徴していることもユングにはわかったという。最後のところで新しい日の曙が続くべきであったのに、耐え難い血の流出があったことがユングの理解を全く越えてしまったのである。主に英雄神話からアプローチした『変容の象徴』においても犠牲は大切なテーマで、後半部分がそれに割かれている。ユングが『自伝』に書いているように、それはユングにとってフロイトとの関係を犠牲にすることも意味したという。『変容の象徴』におけるユングの基本的な考え方は、英雄が動物を殺すことによって自分の動物的なものを犠牲にするというニュアンスもあるが、中心となるのは英雄が自らを犠牲に捧げ、生命を再び生み出すものになることであった。ところがユングのヴィジョンでは再生が生じないのである。

神話的世界そのものの不可能性

六日後にユングは次のような夢を見る。ユングは褐色の肌の未開人と岩山にいる。夜明け前に、ジークフリートの角笛が山々に鳴りわたるのをユングは聞く。ユングはわれわれが彼を殺さねばならないと知っていた。ユングたちはライフルで武装して、岩の上の狭い山道に彼が現れるのを待ち伏せしていて、昇ってきた太陽の最初の光の中に、ジークフリートが山の頂上に姿を現し、死人の骨で作られた戦車を駆って、ものすごいスピードでおりてきたのを、角を曲がろうとするときに撃ち、彼は飛び落ち、撃たれて死んだ。このように偉大で美しいものを破壊した嫌悪感と悲しみに満たされ、同時に殺人が露見するかもしれないという恐れに駆られてユングは逃げ去ろうとした。しかしどしゃぶりの雨がふり始め、死人の全ての痕跡をぬぐい去ってしまうと知った。ユングの命は続くだろうが、耐え難い罪悪感が残された。

夢から目覚めたときに、ユングは考えてみたが理解することができなかった。そこで再び眠ろうとしたが、「お前は夢を理解しなければならない」と心の中の声が告げ、「お前が夢を理解しないと、お前は自分を撃たねばならない」というまでになる。部屋のテーブルの引き出しには弾を込めたピストルがおいてあった。このあたりの夢の現実性の受けとめ方と対決の仕方は非常に興味深い。ユングは恐ろしくなって再び考えはじめ、夢の意味を理解しはじめる。

それによると、ジークフリートはドイツ人が達成しようとしていることで、自分の意志を英雄的に押しつけ、自分の道が開くことを表しているとユングは考えた。ユングも同じことをしようと欲していたが、それはもはや不可能であった。これはジークフリートという英雄によって具現された態度がユングにとってもはや適切でないことを示していたので、殺されねばならなかったのである。ユングは自分とジークフリートを同一視していたが、この同一視と理想主義は棄てられねばならず、自我の意志よりも高いものが存在し、それに頭を下げねばならないのであるという。

しかしながら、ジークフリートの殺害は、ユングが述べているような単に英雄的な態度の犠牲というものにとどまるのであろうか。角笛を吹く狩人は動物を犠牲に捧げると同時に、自らも犠牲に捧げる者である。そして自らを犠牲に捧げることによって再生してくるのである。太陽の昇る瞬間とは、夜が終わって太陽が再生するときに他ならない。しかし犠牲を経て再生してくるはずの英雄は、まさに再生の瞬間に、殺害されて犠牲にされるのである。これは再生につながるようなこれまでの神話的世界の中での犠牲ではないであろう。これはむしろ、神話的世界そのものの犠牲ではなかったのか。自分がその中で生きている神話とはもはや不可能であるという、存在論的、論理的な犠牲ではなかったのであろうか。そして『自伝』における解釈を読む限りでは、ユングは、この存在論的犠牲を、十分には受けとめていなかったという懸念がある。そのあたりにユングの現実性の捉え方に対する、ノスタルジックな問題点が感じられるのである。

3　アニマと死

フィレモンとアニマ

無意識の空想が解き放たれるにつれて、ユングは老人と美しい少女に出会う。彼らはエリヤとサロメであると名乗り、そばに一匹の蛇がいた。ユングはエリヤと長い会話をしたりした。サロメは盲目であった。この空想の後で、エリヤはフィレモンとユングが呼ぶ異教徒的でグノーシス的な像に発展していく。フィレモンは牡牛の角をつけ、四つの鍵をつけた鍵束を持っており、かわせみのような翼をもっていた。ユングはフィレモンの姿を絵に描き、空想の中で会話をした。後にユングがカ(ka)と名づけた新しい像が、まるで深いたて穴から出てくるように土の中から出てきた。

フィレモンやその他の像は、それらの人格をユングが作りだしているのではなくて、自分自身の生命をもつのだということを実感させた。ユングの空想の中で会話をするときに、「話をするのは私ではなくて彼であることを私ははっきりと観察した」のである。フィレモンによってユングは心の存在の客観性、心の現実性について知ったという。

ユングがこのように自分の空想を書き留めていて、いったい自分は何をしているのか自問していると、自分の中で「それは芸術です」という声がした。ユングは自分のしていることが芸術でないと主張したが、その女性はユングに反対する意見を述べた。一人の女性が自分の心の中から自分と衝突するという事実にユングは大いに興味をそそられ、この女性は原始的な意味での「魂」であるとみなして、アニマと名づけた。ユングは最初アニマの否定的な側面に印象づけられたが、だんだんと自分自身の考えと内なる声を区別することを学んだという。

ユングは無意識的な内容を人格化して自分自身から区別し、同時にそれを意識と関係づけることを勧めている。ユングが想像上の女性やフィレモンとの対話をはじめとする、様々な人物像との対話を行った記録、及びそれに付け加えられた絵を収録した『赤の書』は、ユングが自分の内的な像といかに関わったかを伝えてくれているのである。フィレモンやアニマとの対話は、まさに第一人格と第二人格の間の対話に他ならないであろう。

『死者への七つの語らい』

後に『赤の書』の第三部「試練」により詳しい形で収録されることになる『死者への七つの語らい』はユングの体験について重要な手がかりを与えてくれると思われる。これはユングがグノーシス派のバシリデスに同一化して、語ったものである。非常にヴィジュアルなタイプであるユングが、声による体験を残しているのは興味深い。能動的想像というテクニックに関しても、ユングは自分の得意の感覚器官を用いるように勧めている。イメージが見えやすい人は視覚化するのがいいし、音に強い人は声や音楽で表現するのがいいし、身体を動かすのが得意な人はダンスをすることを勧めている。しかしここでは声によっているのである。また視覚的に強いタイプであったとはいえ、ユングが再三再四、夢における声というのは決定的意味を持つことを強調しているのを思い起こしておく必要があろう(たとえば『心理学と錬金術』GW12, §115)。

この経験をする少し前に、ユングは自分の魂が自分から飛び去ってゆくという空想を書き留めていた。これをユングは、魂、アニマが無意識との関係を確立したと考えている。これは非常に興味深いことである。グリム童話によくある結婚による結末をモデルにして、無意識との関係の確立はアニマとの結婚、結合であるという先入観が広まっているけれども、ユングによれば無意識に去っていくことこそが無意識との関係の確立なのである。このことはイザナミ・イザナギ神話に似たオルフェウス神話から考えてみると理解しやすいと思われる。

シャーマンであるオルフェウスは、死んだ自分の妻であるエウリュディケーを冥界から連れ戻そうとして、その道中で禁を破って後ろを振り返ったために失敗する。これも結合の失敗や、無意識との関係の確立の失敗として捉えられがちである。しかしケレーニーが、「広く支配する女」を意味するエウリュディケーという名前こそ、彼女が冥界の女王であることを示していると述べているように、エウリュディケーはそもそもこの世ではなくて冥界に属しているものであり、本来の場所である冥界に帰ることによってシャーマンであるオルフェウスの魂は冥界と関係を持てるのである。

ここで無意識と冥界をほとんど等置したように、ユングは無意識を神話的な死者の国とも対応すると述べている。ユングの魂が消失して死者の国を訪れ、その死者たちがユングのもとに現れた結果が『死者への七つの語らい』なのである。それは一種の不安感からはじまり、ユングの家は霊的な存在で満たされているような感じになる。子どもたちは奇妙なものを見たり、絵を描いたりし、日曜日の午後五時頃、玄関のベルが狂ったように鳴り始め、家中が群衆でいっぱいのようになった。彼らは「われわれはエルサレムより帰ってきた。そこにわれわれは探し求めるものを見いだせなかった」と叫び始め、三晩のうちにユングは『死者への七つの語らい』を書き上げ、それとともに霊の集まりは消散してしまったのである。

『死者への七つの語らい』において、ユングは死者を、答えを得ていないもの、未解決のもの、救われていないものの声として捉えている。お告げがあったりするように、普通は死者の国、神話的な世界に答えや知恵を求めるものではなかろうか。しかしここでは逆で、エルサレムというキリスト教の聖地で探し求めるものを見出さなかった死者たちがユングの話に耳を傾けるのである。先に犠牲について述べたように、ここでは根本的な世界観の変革が起こっていることに留意する必要があろう。つまりわれわれにとって救済の場所であるはずの神話的世界や死者の国自体が救済を求めているのである。

神・悪魔・天地・人間

ここで死者たちが聞くのは、全く新しい世界である。キリスト教徒であるために、彼らはときに騒然となったりする。バシリデスは無は充満に等しいところから説き起こす。

それは「プレロマ」と名づけられる。プレロマとは充満を意味し、グノーシスの世界観では究極の聖なる世界である。ここでのプレロマは何の特徴もないし、全ての特徴を持っているとも言えるのである。このあたりは、バシリデスが西洋と東洋の接する町でこれを語ったように、東洋的な存在論を感じさせる。何の特徴もなく、全てであるようなプレロマに対してクレアツール（被造物）は区別する。かくして人間は区別するのである。ここでは神もクレアツールに入ってくるが、他のクレアツールほど区別されていない。神は充満であるのに対して、悪魔は無である。その両方を合わせたのがアプラクサスである。このアプラクサスは、ヘッセの『デミアン』にも登場することで知られている。

ユングの後年の学問的研究を先取りしているこの書に詳細にコメントすることは、後続の章における考察との混乱を招くおそれがあるので、ここではいくつかの点にだけしぼりたい。まずユングがキリスト教における神概念の偏りをいかにして克服しようとしているかである。神が充満や、善として特性を持って規定されてしまうと、何も特性も持たず、また全ての特性でもある存在そのものに至らないのが問題なのである。逆に言うとユングはプレロマから見て、アプラクサスなどを通しつつ、キリスト教的な神を苦労して位置づけているとも言えよう。

ここでの個性化の原理も注目に値する。われわれの本質は区別することである。ところがそれを忘れて原初的な状態であるプレロマに陥ってしまう。たとえばわれわれは善や美しいものを求めることによって、同時に悪とか醜とかをつかむことになってしまう。そうではなくて区別するという本質に忠実ならば、善とか美とかから自分を区別し、従ってまた悪とか醜とかからも区別することになって、プレロマに陥らなくてすむのである。これはたとえば影とのかかわりから考えると納得のいくところである。ユングは自我の生きてこなかった人格の反面を影と名づけたが、影については、それをいかに統合するかという点によく注目される。しかし影とは、本来は自分に属していない理想を追うことによって生じたものであることに気づき、それらとの区別ができると自然に消滅するものなのである。

ヘリオスとしての神や、悪魔という中間的な存在、さらに天と大地などコスモロジー的な対立の問題を扱った後で、最後に人間について述べているのが興味深い。そこでは「人間と、その唯一の神との間には、人間がアプラクサスの燃えあがるさまから目をそむけられる限り、何ものも存在しない」と言われるように、神と人間が媒介を経ずに直接的に出会っているところがおもしろい。これは一つ目の語らいに「けれどもわれわれはプレロマ自身である」というところに出ているのである。ユングのやり方はイメージによるので、必然的に様々な中間存在を生み出してしまう。たとえば人間と神の関係でも、神が人間にどのようなイメージで現れるのかに注目されたりする。そうすると何が本質的なのかわからなくなるきらいがある。それに対してここでは、人間は端的で直接的に神と向かい合っているのである。

アナグラム＝第一のシニフィアン

この語らいは、最後にアナグラムで終わっている。ユングは決してこのアナグラムの謎を明らかにしようとしなかった。

NAHTRIHECCUNDE
GAHINNECVERAHTUNIN
ZEHGESSURKLACH
ZUNNUS

繰り返しになるが、視覚的イメージに強いユングで、このようなアナグラムが登場すること自体が興味深い。アナグラムは普通の言語では意味が取れないが、隠された意味を持っていることを前提としているという点で意味の極限である。それはもはや意味になりきれない絶対の意味なのである。ラカンの言うファルス、第一のシニフィアンのようなものである。だからこの死者との語らいが全てこのアナグラムに凝縮されているとも言えるし、そこに入りきれないものであるとも言えよう。これがアナグラムという形になっているところがユングらしいと思われる。つまりアナグラムは意味に成りきれなくても、謎が解かれることがあるという点では、どこまでも意味を志向しているのである。これは折口信夫の『死者の書』に出てくるような擬音や擬態の音にも成りうるし、その場合には意味の比重はほとんどないであろう。筆者としてこのアナグラムの謎解きをするつもりはない。しかし誰もがこのアナグラムのようないわば原言語、第一のシニフィアンを持っているのかもしれない。その存在をそもそも知ることがその人の課題かもしれないのである。

無意識との対決の最中に、ユングはチューリッヒ大学の職を辞してしまう。自分の内的な対決を続けるか、平坦なアカデミックな経歴を続けるかの選択を迫られて、ユングは前者を選んだのである。フロイトの存在を認めたときにも、自分の地位にとってマイナスかもしれないと考えたけれども、心的な現実性を優先させた。この場合にも同じことが言えるのである。しかし一方でユングは自分の会う患者や家族の存在を大切にした。それは精神的に危機にあって、内的世界との対決に揺れていたユングの常に帰っていくことのできる「現実世界」であった。このように外的世界という支点をはっきりと定め、そこから内的世界と向き合うのもユングのスタイルである。これは第一人格と第二人格とを区別して、第一人格から出発するという姿勢に基づいているのである。

4　中心とマンダラ

第一次世界大戦の終わりかけのころから、ユングは自分の闇から抜け始める。一九一八―一九一九年に英国人の収容所の指揮者としてシャトー・ドェにいたときに、ユングはノートに毎朝小さい円形の絵を描いた。いらだったりしたときは外縁の一部が破裂して対称性が崩されたり、全てがうまくいっているときには調和的になった。ユングの描いているマンダラは自分の状態についての暗号であった。ユングの描いたマンダラの多くは、二〇〇九年に公刊された『赤の書』で見ることができる。

自分のやっていることのゴールは一体どこにあるのだろうとユングは自問する。無意識に迷い込んで際限のない道のりが続くのであろうか。ところがマンダラを描き始めてから、全ての道は唯一の点、中心点へと導かれることがユングにはわかってきたのである。それが個性化への道なのであり、「自己」(Selbst)なのである。ユングは意識の中心としての自我ではなくて、無意識を含むこころ全体の中心としての自己というイメージを得ておおいに安心する。このマンダラ、中心化というのは、ユングに影響を受けて箱庭療法を創設したカルフにおいても重要な位置を占めるのである。

しかしながら、マンダラを中心と思ってしまうのは問題ではなかろうか。それでは心理学的なプロセスが非常に静的なものになってしまう。『自伝』の少し前のところでユングはマンダラをゲーテを引用しつつ「永遠なる意味の永遠の遊び」として理解している。マンダラとは静的な全体性や中心点、到達すべきゴールとして捉えられるのでなくて、むしろ動きであり、絶え間ない運動を生み出していくものではなかろうか。

これに関しては、中沢新一が『東方的』の中でチベットのマンダラについて述べているのが興味深い。マンダラはチベットでは「キルコル」と呼ばれる。これは中心を意味する「キル」と、周辺を表す「コル」から成り立っていて、中心と周辺を持つひとつの安定した平衡状態を示しているように思える。ところが「キル」とは安定した中心ではなくて、ひとつの特異点であり、そこで異質な領域が接触しあい、一方からもう一方への変換が瞬間的に起こっているという。だからマンダラとは平衡状態であるどころか、運動や変転を内部にはらみながら、その動きの中からひとつの構造をつくりだしていくヘテロな運動体をあらわしているのである。中沢はマンダラを「運動と変転そのもの」と形容している。これはユングにおける永久の遊び、永久の動きとしてのマンダラの見方に一致しているのである。

5　心理学的タイプ論

外向・内向と四つの機能

ユングは一九二一年に『心理学的タイプ論』を出版している。これはフロイトと決別したあとの最初の大著であり、フロイトとアドラーに比べて自分の立場を確立する必要性もあったと思われる。フロイトが性を中心に理論を構築したのに対して、アドラーは権力、あるいは劣等感で分析した。ユングにとって、なぜ同じ出来事が異なるように見られるかが興味深いことであった。そこから心理学的タイプ論が生まれてくるのである。つまりフロイトもアドラーも同じ事態を見つめていたのであるが、それを表現するのに、それぞれの心理学的な傾向によって、違った結果になったというのである。

ここで、タイプ論という見方をすることはどのような意味があるかを考察したい。タイプ論という見方をするのは、多様性を許容することである。つまりどれが正しい見方というのではなくて、それぞれの心理学的なあり方によって見方や表現の仕方が異なるのであるから、どの見方もそれなりに意味があることになる。

しかしながら真実に対してタイプという見方をすることは、多様性を可能にすると同時に、これもあれも可能であるとして真実に触れないことにもなりがちである。このような危険性は、今日のユング派の分析家の間でのタイプ論の使われ方に感じられる。さらには逆に、タイプとしてまとめられることで本当の意味での多様性やユニークさが認められないリスクもあることに留意する必要があろう。

ここでユングのタイプ論を簡単に解説しておくと、ユングは周知のように外向と内向という二つの態度を区別する。外向とは対象を大切にし、客観的な関係によって行動を決める態度である。それに対して内向は主体を大切にし、主観的な要因から判断したり行動したりする態度である。ユングによれば、性的リビドーを重視したフロイトは対象を重んじているので外向であり、それに対して権力とか、自分を守ることを考えたアドラーは内向ということになる。

ユングは外向と内向という区別だけではなくて、心的機能を思考、感情、直観、感覚という四つの機能に分類している。思考は物事を関連づけ、それが何であるかを知らせる機能である。感情はユングの場合に情動から区別されていて、「美しい」とか「すばらしい」とか、物事がどのような価値を持っているかの判断である。感覚は、物をそのままに知覚することで、そこに物があることを教えてくれる。直観は無意識的な過程を通っての説明のつかないような知覚や結論である。ユングは思考と感情を合理機能、感覚と直観を非合理機能とも名付けている。物事をそのままに知覚する感覚や、推察の過程の不明な直観は非合理な働き方をしているからである。

この四つの心的機能は、さらに外向と内向という態度と組み合わされることになる。たとえば哲学者は内向的思考タイプが多いであろうし、データを分析して結論を導き出すような自然科学的な学問では外向思考タイプが多いであろう。直観にも、株の動向などを予測してしまうような外向直観もあれば、ある種の宗教家や芸術家に見られるような内向的直観もある。ユングなどは典型的な内向直観タイプであろう。ユングはさらに、自分の優越機能に対して、それの対極の機能は劣等機能として無意識に沈んでいるとしている。たとえばステレオタイプ的に言うならば、パーティーでの会話が自然にできて、皆が美しいと思う服を美しいと思い、それを適切に言葉にしたりできる外向感情の人の場合に、哲学的に自分の人生について考えたりすることは無意識に沈んでいるのである。

ユングの存在論的立場

しかしユングの『心理学的タイプ論』を、タイプの分類の本として理解すると誤解であろう。ユングの弟子であるマイヤーが、ユングのタイプ論を読んで、これは個性化の過程を描いた本であると形容したように、静的なタイプ分類の記述の当てはめとして読まれるべきではないであろう。これはダイナミックな動きを示しているものとして理解されねばならないのである。つまりたとえば外向のタイプの人であれば、無意識に潜んでいると思われる内向的なものをいかに意識化し、統合していくか、先に述べた外向感情を主機能にしている人ならば、自分の劣等機能である思考、特に内向思考とどのように向き合い、それを取り入れていくかという統合と個性化の過程として理解する必要がある。

この『心理学的タイプ論』を読んで驚いてしまうのは、有名な外向と内向、四つの心的機能の分類と叙述は、この大著の付けたりのようなものにしか過ぎないことである。まずユングは古代、及び中世における精神史をテーマにして、テルトゥリアヌスとオリゲネスの対立を取り上げ、実在論と唯名論との間の普遍論争を詳細に扱う。そしてシラーにおける詩人と思想家の対立を扱い、それは美しいということで収斂《しゅうれん》されたとしている。この美というのも、ニーチェにおける醜いものという対立を呼び起こしてしまうのである。この本はヨーロッパの精神史と対決しており、特に精神と物質、精神と身体という対立を扱っていることがわかる。

たとえば実在論が観念の実在を主張するのに対して、唯名論は観念が名前に過ぎず、重要でなく、実際の物しか存在しないとする。シラーの思想家と詩人としての対立においても、思考の精神性と感情の感覚性の対立が見られている。だからタイプ論は個性化の過程だけではなくて、コスモロジー、世界の構造を扱っているのである。最終的には二つの態度と四つの心的機能という構成された構造の形をとっているけれども、これはコスモロジーなのである。特にファルスの夢以来ユングが意識している問題、精神的なものと身体的なものの対立が大切な課題とされていることがわかる。これは後の錬金術をめぐっての研究に引き継がれていくのである。

『心理学的タイプ論』はユングの存在論的立場あるいは心理学的な存在論の立場を示

した著作でもある。普遍論争をタイプ論的に捉えているところで、ユングは観念の実在に基づく実在論の立場を esse in intellectu（知性における存在）、観念の実在を否定し、個々の物から出発しようとする唯名論の立場を esse in re（物における存在）とする。前者にはふれることのできる現実、後者には精神が欠けているとしたあとで、観念と物は人間の魂の中で出会うとユングは言う。そして現実は物の客観的な行動によっても、観念的な定式によっても与えられるものではなくて、心理学的な過程によって、esse in anima（魂の中の存在）によってできるとされるのである。

魂は日々現実性を作り出す。私はこの活動をファンタジーという表現でしか名付けることができない。（GW6, §73）

というわけなのである。

これは現実性がイデア論的に観念によって形成されるのではなく、また物の存在から因果論的、科学的に演繹されるものでないことを示している。ユングの少年期における神経症体験で既に確かめたように、現実性とは人間の魂の活動によって、ファンタジーの働きによってしか与えられないのである。もしもファンタジーの働きがなかったら、われわれは全く連関のない離人症的な世界に住んでいることになろう。またこのユングの言葉から心理学が自然科学とも哲学とも違うのがわかる。心理学はどこまでも心理学的な事実、ファンタジーを扱うのであり、それ以上に遡れないのである。

人間の魂の活動によって現実性ができているという表現は、随分と人間中心主義的な印象を与える。しかしここで大切なのは、ユングが「魂の内の存在」と言っていることである。われわれの持っている魂が現実を作り出すのではなくて、むしろわれわれは魂の中にいるのである。これはハイデガーが「世界＝内＝存在」と言ったのと同じような意味で、人間からはじまるのでなく、存在から、魂からはじまるのである。

第六章　分析心理学――自我と無意識の関係

臨床心理学的に見たユングの思想

『自我と無意識の関係』、「心的エネルギーについて」「超越的機能」などという論文とともに、ユング心理学は一つの完成した形になったと言えよう。ここでは集合的無意識、ペルソナ、アニマ、自己など、臨床心理学で知られているユング心理学の概念はすでに明確になっているのである。もっとも時間的に見てこれらの論文はかなり前後している。『自我と無意識の関係』が一九二八年に書かれたのに対して、「心的エネルギーについて」も一九二八年であるが、「超越的機能」はすでに一九一六年に発表されている。これは『心理学的タイプ論』の出る五年も前である。また『自我と無意識の関係』に関しても、「無意識の構造」というこれの前身となった論文が一九一六年にまずパリでの講演の形で世に出ており、その意味では早くに構想はできていたので、必ずしも前章で取り上げた『心理学的タイプ論』の方が前の仕事であると言えないかもしれない。

体系的に書かれたものがほとんどないユングの著作の中で、『自我と無意識の関係』

は例外的にまとまった印象を与える。このように重要な著作が、一九一六年にまずフランス語で出版され、一九二〇年に英訳が『分析心理学論集』(Collected Papers on Analytical Psychology)の中の一つの論文として「無意識の概念」というタイトルで公刊され、ドイツ語としてはもっと手を入れられたとはいえ、一九二八年にはじめて日の目を見たのは興味深いことである。

ユングはこの本を、『リビドーの変容と象徴』の続きとして捉えている。『リビドーの変容と象徴』で試みられたのはある個人の心理学的な過程と、それに対する文化人類学的、あるいは宗教学的に類似したイメージを示して、そのような過程が普遍的であることを明らかにすることであった。それに対して『自我と無意識の関係』では、特に無意識の過程に対する意識的自我の反応が扱われる。その意味で無意識的な過程はこの本では間接的にしか垣間見ることができないとも言えるし、また完全に無意識的な過程だけに飛び込んでいず、自我の反応を主に叙述しているという点では接近しやすいところもあるので、理解されやすいとも言えよう。第六章では主にこの本に基づいて、臨床心理学的に見たユングの思想を概観しつつ、一般的な理解を超えていく可能性も模索してみたい。

1　意識と無意識の関係——無意識への信頼

個人史に還元できない無意識

『自我と無意識の関係』で導入として、ある若い女性患者がユングに対して父親であって恋人であるようなあまりにも強い転移感情を向けてくる例が挙げられている。それによってもともとの問題や葛藤は転移関係に移された訳なのである。精神分析のコンセプトによればこの転移関係を扱うことが治療になるであろう。しかし転移があまりに強いために、治療が行き詰まり、しかも彼女自身も自分の転移に気づいているのにそれがおさまらないという状況になる。そのときにユングは夢に注目する。それについてユングは、夢が「極めて客観的で、いわば魂の自然な産物であるので、心的な過程の基本的な傾向についての少なくとも指摘や暗示が期待できる」としている。これはユング独特のスタンスであり、それにはユングの転移についての考え方や、無意識の捉え方などが如実に現れていると言えよう。

ユングの対応は精神分析家からすれば非常に奇妙に思えるかもしれない。なぜならばフロイトが夢を語ることを抵抗の一つとしているように、転移関係が問題になっているときに夢に注目するのは治療関係と向き合うことから逃げており、患者からしても治療者からしても一種の抵抗として理解できるかもしれないからである。しかしながらユングは転移関係を中心にして無意識を捉えていこうとしない。無意識とは人間関係の次元を越えたことであり、人間関係に還元できないからなのである。

その意味でユングはときに、転移関係は治療に必要ないと述べることがある。たとえば、転移は必ずしも必要でなく、治療者と患者との間に共同作業を進めていくのに必要なラポール(つながり)があれば十分であると述べている(『分析心理学』)。これはユングが転移そのものを重視していなかったのではなくて、個人的な人間関係に還元した形でしか治療を見ることができないことに疑問を感じていたからなのである。ユングにおいても転移は重要であるが、それはもっと非個人的なものである。それは「患者も治療者も第三のものの変容によってとらえられ、変容させられる」(『転移の心理学』GW16, §399)というものであり、錬金術などを通して探求した結合の問題なのである。これについては、結合について扱う第八章で詳しく論じたい。

この転移に対する捉え方に、すでにユングの集合的無意識の考え方が認められる。ユングは抑圧されたり、忘却されたりした個人史における出来事からなる個人的無意識と個人の体験や記憶を超えている集合的無意識とを区別する。しかし何か個人的なコンテクストから理解できないイメージや象徴が生じるから集合的無意識が仮定されたり、証明されたりするというのではない。無意識から生じてくる出来事を個人的な人間関係に還元しない、魂をクライエントと治療者の間にある第三のものとして考えるという姿勢に個人を超えた集合的無意識の考え方が認められるのが大切なのである。そうでないと集合的無意識も客観的データから導き出されたものになってしまう。

無意識の自己調節機能

転移から治療で起こっていることを考えるとすると、たとえば性的願望にすぎないとか、自分を守ろうとする権力への意志にすぎないとかクライエントの気持ちや言葉を見抜いていって洞察することになる。見抜くこと、あるいは納得することで、クライエントは自分の感情や願望の途方もなさに気づいて、もとの「正常な」状態に戻ってしまうことになるとユングは述べる。しかしそれでは転移のときに引き起こされてきた途方もないものは解消されてしまって、以前の状態に戻るだけである。これでは転移から逃げるのが抵抗であるというのよりももっと、治療の流れに抵抗していることになってしまうのではなかろうか。

後戻りするのではなくて、ユングは先に進もうとする。治療者の解釈による介入で止めてしまうのでなくて、無意識の過程を見守ろうとする態度を持っている。ユングにおいて印象的なのは、無意識的なものに対する信頼感である。この文脈でも、「無意識は願望するだけではなくて、自分自身の願望を再び解消することができる」と述べて、無意識の自己調節機能ということを強調している。すでに夢の捉え方において、夢が歪曲されたものとみなすフロイトに対して、ユングが無意識の生み出したものをそのままに受け取ろうという姿勢を持っていることを指摘した。無意識の生み出すものに対する信頼感はユング心理学の基本なのである。

同じような信頼感は、リビドー、心的エネルギーに関連しても言える。ユングはリビドーを性的だけではなくて、心的エネルギー一般とみなすことによってフロイトから離れていったのは周知のとおりである。それだけではなくて、いわゆるエネルギーの退行についての考え方が異なるのである。ユングはこころを閉じられた一つの全体系として捉えていて、しかもこころ全体に自己調節機能を認めている。全体としてみてみると、あるところでエネルギーが失われていてもどこかにエネルギーが流れていって貯えられていることになる。

だから「心的エネルギーについて」で、ユングはエネルギーが退行することを、必ずしも幼児化しているとか、低いレベルになってしまっているとか否定的にとらえず、退行を創造的なものとしてもみなしているのである。そして退行したエネルギーはそのままにとどまっていず、また進行してくる。つまりエネルギーがないように思われるのはエネルギーが意識から無意識の領域に引いていっただけで、それはまた再び意識に現れてくるとみなしているのである。これはたとえばうつ状態になっている場合も、喪失した魂はまた戻ってくるはずだと考えられるし、英雄神話において、竜に呑み込まれたり、闇に降りていったりした英雄は、夜の航海を経て太陽が再び昇ってくるように再生すると考えているのである。

だから無意識の流れに従っていってバランスを失っても精神病になるのではないとユングはみなしている(『自我と無意識の関係』GW7. §252)。それは自我のコントロールを失うことに対する自我の恐れにすぎず、こころ全体としては機能しているはずなのである。このあたりは自我中心主義を克服したすばらしい見方とも言えるし、逆にユング派の治療者に無意識の持つ危険性や病理に対する認識がうすいという批判にも結びつくのである。たとえばユング派の分析家で統合失調症の治療に大きな成果をあげたペリーに対しても、そのような批判が向けられている。いくら治療者がすばらしいイメージの展開と思っていても、それは発病していって崩壊する過程にすぎないこともある。しかしたとえ精神病的になってしまう場合でも、ユングによればそれは無意識の必然の過程なのであり、それに従っていくのが必要になるのである。

無意識は意図と目的をもつ

無意識にゆだねておくという考え方が生じるのは、無意識は無秩序で無目的ではなくて、目的を持っているとユングがみなしているからなのである。『リビドーの変容と象徴』(後に『変容の象徴』)においてもユングは既に無意識が目的を持つことを強調している。これはまず、無意識を因果的に把握するのに対して、目的論的に理解する必要として登場する。だから神経症などの病気も、何かの原因による結果として捉えるのではなくて、それは何の目的のための手段であるかとして見ていくのである。このような目的論的見方は、もしも神経症になっていなければ何をするのかと治療において問うたアドラーにおいて既に認められるものである。

しかしこれは単に過去志向に対する未来志向として理解されてはならないであろう。第二章で述べたように、神経症とは過去の出来事によって因果的に形成されるのではなくて、常に現在において創造されているものであった。だから無意識の持つ意味と目的も、未来におけるものとしてではなくて、現在において意味と現実性が創造されていると考えねばならないであろう。未来を思い描いてしまうことは、過去の出来事に還元するのと同じくらいに現在から遠ざかることになってしまうことがある。たとえば夢において出てきた怪物が、童話にあるようにいつお姫様や王子様に変わるのであろうと思って見ていると、その現在の怪物のイメージから遠ざかってしまう危険が生じるのである。ユングが因果論的に見て事実であるものを目的論は象徴に変えると述べたように、無意識の目的性とは、現実の深みに入っていくことであり、現在の深みに入っていくことなのである。その意味で、心的エネルギーという考え方も、機械論的な捉え方で実体化する見方に対して、動きとして捉えているのは興味深い。

このように無意識が目的を持っているという実感は、第一人格と第二人格の存在を感じていたユングにとって当然のことであったろう。意識的自我が、つまり第一人格が目的と意図を持つことは誰にも当然のことであろうけれども、第二人格の存在を常に感じていたユングにとって、無意識が意図と目的を持つというのは自明のことだったのである。だからこそこれから考察していく意識と無意識の関係も、まさに二つの人格の対話のようになっていくのである。

無意識にコミットする

こころ全体が自己調節機能を持ち、無意識が目的を持つならば、自我はなるべく介入せずに、無意識の流れに任せていればよい気がする。たとえば夢が生じてくるのをただ追っていったり、治療者側の態度としても、クライエントの持ってくる夢をただ聞いていたり、箱庭を作ったりするのをただ見守っていたらいいのかもしれない。確かにそのような治療は存在するし、特に日本でユング的な心理療法が登場し始めたころは箱庭を使ったものをはじめとしてそのような治療例が多く見られたのは事実である。しかしそれだけではなくて、ユングは無意識と対決し、体験し、コミットする必要を強調する（『自我と無意識の関係』GW7, §342）。これはよく言われるように、イメージを解釈し、理解するだけではなくて、イメージに反応し、コミットしていく必要なのである。ユングはよく気分や情動をイメージにしていくことを勧める。その意味でユングはリビドーがイメージであると言うのである。しかしイメージにしていくだけでは不十分で、イメージを見るだけではなくて、それに参加する必要がある。

『自我と無意識の関係』でユングはある男性の見た夢を例に挙げている。氷が割れて上を滑っていた自分の花嫁が水におぼれていくのを何もせずに見ている夢に対して、夢に登場した自分が花嫁にかかわる必要をユングは述べている。これは無意識の流れに任せるのではなくて、自我が関与する必要があることを述べているような印象を与える。その意味では無意識への信頼を相対化し、修正しているようでもある。ユングは無意識と意識の両方の支点を持つ必要性を説いていることも多い。しかしこれは無意識への信頼性を相対化しているのではなくて、これも無意識を真剣に受け止めることなのである。ユングは「現実」において花嫁がおぼれているのを何もせずに見ている人がいるであろうかと問う。つまり自分が関わっていくというのは夢での出来事も「現実」と同じくらい真剣に受け止めることで、その意味で無意識に現実性を認めることで、無意識に対する信頼感に矛盾していないのである。

無意識の現実性を受け止めるむずかしさは即物化することに原因がある。たとえばこの夢に対しても、本当に自分の花嫁が死ぬのではないかとか、自分の人間関係が危機にあるのではないかとか文字どおりに即物化して考えてしまう。しかしそれはイメージの現実性を捉えたり、尊重したことになっていない。ユングは、無意識に対する不安の大部分が即物化のせいだとしている。文字どおりに取ってしまうから不安や抵抗も強まるのである。だからファンタジーを文字どおりにとってはいけない。それはあくまでも未知の現実についての見せかけなのであって、それの深い意味を見通していくことによってのみ現実性を捉えることができるのである。だから素朴に無意識を現実として受け止めても、それは本当の現実性ではないのである。

2　個性化の過程

社会的な顔

ここでの個性化の過程とは、自我と無意識の関係が変容していく過程に他ならないし、個人が外的には社会、内面的には集合的無意識に埋没していたのから解放されていく過程である。『自我と無意識の関係』におけるユングの書き方は、徹底的に二項対立的である。個人にとって社会が存在するように、集合的無意識とは個人のこころにとっての社会のようなものだとユングは書いている。そして外の社会に対して向けている顔や役割がペルソナなのである。

もともと役者のつける仮面を意味したペルソナとは、個人が社会に対して示している顔である。それはたとえば職業であったり、家の中での役割であったり、年齢相応の行動であったりする。夢などにおけるイメージとしては、ペルソナはよく制服として登場したりする。ユングはペルソナを個人と社会の間の妥協形成と捉えている。それはペルソナによって社会という集合的なものからある一部が切り取られ、それによって個人的であることが可能になると同時に、ペルソナとは一般的で普遍的なもので、それによって個人的なものが隠されてしまうからである。個性化という意味ではまずペルソナと同一視している個人が、それから区別され、解放される必要があるという。

だから集合的無意識が現れたときには、精神的危機との対決に際してチューリッヒ大学の職を辞さざるをえなかったユングのように、必然的にこれまでのペルソナが揺るがされるのであるけれども、それに対して集合的無意識に同一化してしまうか、以前のペルソナを後退的に回復するように逃げ帰るか、という両極の態度があるとユングは言う。同一化は、たとえば予言者のように自分が真理をつかんだように思ってしまったり、統合失調症性の誇大妄想のように、自分が神であるとか、大統領であるとか信じてしまうことである。それに対してペルソナへの逃げ帰りとは、日常的な役割に戻ってしまうことである。たとえばこれまで非常に職業的、社会的に成功を収めてきた人が、自分の内面と向き合わねばならなくなったときに、それを放棄してしまってやはり以前からの社会的活動に戻ってしまうなどのようである。

治療を行っていて、このようなことはよく生じると思われる。この二つの対立する態度は、集合的無意識の現れに対して自我肥大を起こしてしまい思い上がる場合と、逆に圧倒されて打ちのめされる場合とも言えよう。しかしユングが述べているように、自我肥大して高揚しているようで実はよりひどく打ちのめされていたり、逆に圧倒されてしまっているのは、ひそかに権力志向があって自分に自信があったりするので、この二つの態度は正反対のようでそうでもないのである。ユングは、どちらの態度においても個人の限界があいまいになって、集合的なものに埋没しているとする。だから必要なのは「個人としての中庸」なのである。ここでも個性化が個人を集合的、普遍的なものから解放し、分化することとして捉えているのがわかる。

男性のもつ女性像

意識と無意識の関係といっても、これはまさに第一人格と第二人格との間の対話、関係であるとも言え、ユングのこれまでの課題を引き継いでいるのである。自我と無意識の関係には補償(Kompensation)作用が認められるというのはユングの重要な思想である。補償というところに、お互いが相補い合っているという一つの全体性を仮定する立場が認められる。自分の生きてこなかった面の人格化である影や、無意識における自律した人格であるコンプレックスは、意識的自我を補償するものなのである。そのような自律した人格の代表的なものがアニマとアニムスである。

アニマとはとりあえず男性の持つ女性像であり、自分自身の女性性であると理解できよう。ユングは、母親だけではなくて、祖先の女性体験の結果として形成されてきた女性のイメージであるとしている。アニマは個人的な経験を超えた歴史的な背景を持っているのである。

しかしアニマも女性に対する体験から導き出すのではなくて、補償という観点から捉えられているのが重要であろう。男性の理想像であるペルソナは女性的な弱さによって補償されている。たとえば戦士がふと気弱になったり、敵に情けをかけたくなったりするように。ユングはアニマはよく気分として現れるとしている。またアニマは内的なイメージとしてだけではなくて、影などと同じように、よく相手に投影されて現れる。だからたとえばハインリッヒ・マンの『青い天使』のように非常に堅くて道徳的な生き方をしてきた人がふしだらな女性と恋におちてしまったりするのである。この例にも補償のメカニズムが認められると言えよう。

ここで印象的なのは、アニマについて述べるのに、ユングが多くの紙数をペルソナに割いていることである。アニマは徹底的にペルソナとの補償的関係で捉えられている。さらにはペルソナという言葉から人格(Persönlichkeit)という現代の概念も生じてきたとしていて、アニマだけではなくてペルソナにも人格を認めていることである。だからペルソナもコンプレックスと同じく、自律的な人格の一つのようなのである。

ペルソナから自我を区別したように、アニマからも自我を区別する必要がある。そのためにはまずアニマを自律した人格として認めねばならない。アニマは気分として現れることが多いと述べたが、それを「自分の」気分として考えて自分と混同してしまうのではなくて、感情をイメージにしたりして客観的存在として認める、またそれによって対象化する必要があろう。このように自律的人格として認められて対象化できてはじめて、それと対話したりして関係を持ったりできるのである。これはまさにユングがフロイトと別れた後に精神的危機に陥ったときに、イメージとして現れたサロメとの間で行ったことなのである。

マナ－人格＝自己

アニマについて述べたことは、裏返してアニムスについて当てはまることもあればそうでないこともある。アニムスは女性の持つ男性像や男性的な側面であり、女性としてのペルソナを補償しているものである。アニマが気分として現れるのに対して、アニムスは意見として姿を見せるとユングは言う。アニマとアニムスは互いに誘発し合うので、何かの気分に浸っている男性が、女性の側の意見を引き出しやすいとも言えるのである。

そしてアニマが単数でよく登場するのに対して、アニムスは複数で現れるとユングは述べている。それは女性の意識的態度がより個人的で、個人的な生活を超えた世界は漠然としているためであるとしている。しかしアニムスに対するユングの叙述は一般的に非常に短く、あまり釈然としないものがある。アニマに対する記述に比べて、否定的でさえある。

アニマは自律的な人格であるので、意識的自我に従わず、自我を魅惑したり混乱させたりする。しかしアニマは無意識の人格化したイメージであると同時に、無意識と関係するための機能であるので、アニマを意識化することによってアニマはその自律性を失って無意識との関係の機能になる。このことによって、アニマについていた魔力的な力、マナが取れる。しかしアニマは無意識のヒエラルキーでは下の方に過ぎないので、今度は魔術師、聖者、賢者などにマナが移る。これがマナ－人格である。女性の場合にはグレート・マザーの像などがそうである。そうするとまた自我が魔術師と同一化したりする。ニーチェとツァラトゥストラの関係などに、ユングはこの同一化を見ている。しかし意識が力にこだわらないと、無意識の力にも圧倒されなくなり、マナは落ちていく。それは意識でも無意識でもあり、意識でも無意識でもないものであり、人格の中心なのである。

ここでもユングが補償的に考えているのが興味深い。つまりアニマの魅惑的な力に圧倒されていた人が、アニマを意識することで克服したと思うと、今度はマナ－人格が生じてきて、それにまた自我が取りつかれてしまう。しかし自我が力を握ろうとしないと、無意識の側からの憑依状態も生じず、マナは意識でも無意識でもあり、また意識でも無意識でもない人格の中心に移っていくというのである。意識と無意識という対立するものは第三のものによって止揚され、それが人格全体の中心としての自己なのである。

自己には、意識と無意識の対立を止揚し統合した中間の第三のものというニュアンスと同時に、こころ全体の中心というイメージもある。全体性と中心というのも、自己に付随するイメージなのである。

第三のものという考え方は、「心的エネルギーについて」、「超越的機能」においても認められる。それは単に究極のゴールというものではなく、あらゆる心的プロセスにおいてモデルになるものなのである。たとえばこころの中で対立があるときにエネルギーは動かなくなり退行する。そして退行したエネルギーが今度は進行してきたときに象徴が生じるのである。その意味でそれぞれの象徴は常に第三のものであるとも言えよう。

3　図式の解体

ユングの著述の矛盾

『自我と無意識の関係』を他の著作も参照しつつかなり詳細に紹介したが、その一つの意図は一般に通用しているユングの図式的な捉え方からのずれを見たかったからである。個性化の過程、あるいは分析の過程は、社会に向けているペルソナから自由になることによって自分の内面、無意識に向かい、まず無意識の自律的な人格であるコンプレックスや影との対決や統合を行い、それからさらに異性像としてあらわれてくるアニマ・アニムスとの結合を遂げ、最後には人格の中心としての自己へと到達するという図式でとても単純に割り切れないことがわかる。またたとえこのような図式が通用するとしても、各段階から次の段階への移行があまりにも不連続である。たとえば、集合的無意識の侵入に対して、それと同一化して自我肥大を起こすのも、おじけづいてペルソナを回復するのも問題であることは理解できても、それではどのようにすれば次の段階に行けるかは書かれていない。ユング心理学でよく言われる第三の道はポジとしては描かれていないのである。

さらには、個性化の過程において統合というのが大切であるという認識があると思われるけれども、ここでむしろ強調されているのは、いかに集合的無意識から個人を区別するかということである。アニマ・アニムスについても、読者はグリム童話によく見られるような異性像との結合を期待したかもしれないけれども、中心になるのはアニマからの区別である。確かに意識化すること、同化することなどという表現は用いられているけれども、あくまで力点は区別にある。アニマ・アニムスとの結合は、この文脈では無意識の自律的な人格との同一化による自我肥大として問題視されるかもしれない。

また著述の中にあまりにも矛盾することが多いのである。たとえばペルソナという概念にしても、社会に向けている単なる仮面であって、それゆえに一般的なものであるかと思うと、まさに自分の人格につながるようなものであったりもする。外的で社会的なものとして理解していると、集合的無意識の一つの人格化にも受け取れる文章に出くわす。無意識とのかかわり方に関しても、体験することの重要性を力説して、理解することとは二次的なような印象をある個所で与えておきながら、別の個所では理解することを強調する。そもそも個性化という概念そのものが、集合的無意識に入っていくことなのか、そこから距離を取ることなのか釈然としない。このためにユングの著述に関しては、あまりにも矛盾していて体系的でないという批判があったり、矛盾が多いのは治療の実際が割り切れないためだから、実際の例に応じてユングを理解する必要があるという意見があったり、またそれぞれの考え方をラディカルに解釈することによって様々な立場が生じてきたりしてきた。ユングの言葉には時々あっと思わせるものがあって、まるで治療の箴言集のような感じさえ受け、全く解体して読むこともできるかもしれないのである。その場合に大枠としての図式はほとんど意味を持たないであろう。

ヒルマンによる批判

今この『自我と無意識の関係』を読んでみると、ユングの見解が文化的、歴史的な制約を受けていることもよくわかる。第一人格と第二人格について述べたように、これは自我やペルソナがはっきりしていた時代に通用したことなのである。たとえば男女のイメージの違いや、年齢差に至るまで境界があいまいになっている現代において、ペルソナの概念は揺らいでいると考えられるので、それを補償するイメージがはっきりと無意識に生じてくるかどうかは疑問なのである。これについては『自我と無意識の関係』の中ですでに、西洋においてペルソナがはっきりしているのでそれの補償であるアニマが大切になるのに対して、東洋ではペルソナが明確でないので、アニマのイメージがあまり現れてこないと述べられているのは注目に値する。

このようなユングの文化・歴史的制約、それに自我を中心にしているともとれる考え方を批判したのがヒルマンである。ユングにおいて無意識から現れる人格としては男性の場合には女性像としてのアニマが重要になり、そのアニマも無意識との関係の機能として統合されてしまうことになる。それでは結局のところ自我が拡大していっているだけであるとヒルマンは批判する。アニマは決して統合されることなく、機能になっていわば自我に使われるのではなくて、いつまでも自律的な人格であり続けるのである。また女性像が魂のイメージとして重要なだけではなくて、魂の現れには様々なものがあるはずである。女性像の重視も、自我の中心性と単一性を反映しているのである。その意味でヒルマンは、魂の多様な現れとしての多神論を提唱する。中心としての自己の概念にヒルマンが疑問符をつけるのも、多神論の立場からして当然のことなのである。それによると自己というのも、一見すると自我の中心性を譲っているような印象を与えるけれども、自己とは実のところ自我中心主義のすりかえにすぎないのである。

自我が中心性を失うと、それぞれのイメージが大切になるのは当然のことであろう。だから個性化といっても、ヒルマンは人間主体の個性化ではなくて、それぞれのイメージの個性化を強調する。人間主体の個性化が、花であったのがお姫様に変容して主人公と結婚するというように、主人公、人間主体の拡大、成長であるのに対して、イメージの個性化の視点からすると、必ずしも主人公が花を手にしたり、結婚したりしなくても、花が美しくあればいいことになる。その意味でたとえば生け花も、花を生けている人の内的世界の表現や個性化として捉えられるのではなくて、むしろ花がそれ自体として美しくおかれるという花の個性化であり、自己実現なのである。

4 弁証法

矛盾して否定しあう中から

ヒルマンの批判によれば、ユングは集合的無意識を提唱しているが、まだ自我を実体化してそれにしがみついている点では個人心理学的であると言えよう。しかしながらヒルマンも、確かに自我の実体化を解消したけれども、今度は逆にイメージの方を実体化してしまっていることに留意せねばならないであろう。いずれにせよユングの問題点は、自我と無意識という二つの分離した実体があるかのように書いていることである。これは自我と無意識の関係だけではなくて、他に波及していく。つまり自我と自己を対峙させて、その間に影やアニマ・アニムスを位置づけたりして、どんどんと実体は増えていく。そうするとあたかも影というものと区別されたアニマが存在するような印象を与えてしまう。実体化させる思考はどうしても幾何学的なモデルや図式を作ってしまう。ユングも述べているように、意識的な人格は集合的な魂からの一断片に過ぎないとか、自己を全体として、自我がその一部であるとかのように図式化してしまう。

しかしながらユングが本当に意図していることはそのように実体化できる現実性ではないので、常に二つを提示しつつ、その両方を否定する文体を取っていかざるを得なかいたと考えられる。ユングは、こうすればある状態になることができるとは決して書いていない。たとえば先に例に挙げた自我が集合的無意識に直面した場合に、一方ではそれの脅威に驚いて退行的にペルソナを再び回復することがあったり、他方では自我がそれに同一化してしまってインフレーションを起こす危険があると述べられている。しかしそのどちらの可能性も間違いであり、ユングによって否定されていて、それではどうすればよいかは書かれていないのである。これが大切なことであろう。

その意味ではユングが本当に第三の道というメタファーに満足していたか、それを意図していたかは疑問なのである。否定的に、弁証法的に考えられていたことに着目する必要がある。徹底的に二項対立的に書かれている『自我と無意識の関係』では、二つのことが矛盾しあい、否定しあう中で何かをつかむ必要があるのである。様々な矛盾は、首尾一貫していないとみなされるのではなくて、まさに矛盾して否定しあう中から見えてくるものが大切なのである。安易にポジティヴな形で何かを示していないのは欠陥ではなくて、むしろスタイルとしてすぐれており、読者の真の対決とコミットを迫っていると言えよう。そのために、ユングを本当に読むこと自体が心理療法であり、少なくとも心理学的な体験になるはずなのである。

だから統合するものとしての意識と無意識の間の第三のものとしての自己や中心にしても、何かそのような中心点が存在すると考えてはいけないのではなかろうか。マナも意識と無意識の中間に凝縮するのではなくて、意識でも無意識でもないところに消えてしまう。自我は外と内の圧力にゆだねられてさまようボールのように描写されているが、この対立の遊びこそ個性化の過程であり、揺れることによって、真ん中が現れてくる。自己も存在する中心点のように考えられてはならず、前章でマンダラについて述べたようにまさにこの運動なのだ。

その意味で、意識と無意識の結合とみなされている個性化が、むしろ区別することとして示されているのは興味深い。たとえばアニマも、無意識の自律的人格として区別することによって意識化され、結果的には同化されるのである。これには錬金術の関連で結合を「対立性であって同時に対立するものの結合」と捉えるユングの考え方の萌芽が見られる。これも単純な結合ではなくて、否定を含んだ極めて弁証法的なことなのである。

実体化の放棄

『自我と無意識の関係』は意識と無意識という対立を鮮明に捉えて、様々な人格を区別しているようで、それが入り交じってしまっているのが興味深い。典型的なのがペルソナで、社会に対する仮面に過ぎないように思われたペルソナがアニマと並ぶような人格にもなっている。またあるところでは自我意識はこころ全体のほんの一部であって、無意識を含む全体、あるいはその中心が自己であると書いていたと思うと、自己も意識として理解できるように書いてあったりする(§275)。影の概念について弟子たちが議論していたのに対して、ユングが「影とは無意識の全体だ」と叫んだのは有名なエピソードである。これらのことから言えるのは、自我、影、アニマ・アニムスなどは、確かにイメージとしては分化して現れてはくるけれども、そのような実体が別々にあるとみなしてはいけないということである。魂はときには自我、ときにはアニマとして現れてくる。それはそのときの魂の現れ方にすぎないのである。

だからアニマが機能になることをヒルマンは自我中心的すぎると批判したけれども、アニマが自律的であることを強調しすぎると、今度はアニマが実体化されることに気づいていなかったのである。その意味で、アニマが機能になることは、アニマを実体化せずに、見通していっていることなのである。

このように全てをそのときの魂の現れ方、主体の立て方として見ていくと、意識と無意識という区別も果たして重要なのか疑問になってくる。典型的なのは夢で、夢は無意識の現れとみなされているけれども、夢として見られる限り意識的なものである。だから夢のイメージもそのときに意識された魂の現れなのである。その意味でユングは一九四六年にエラノスで為された講演に基づく「心的なものの本質についての理論的考察」という論文で、別の観点からして無意識的でないような意識の内容は存在しない。同時に意識的でないような無意識的な心的なものも存在しない。(GW8, §385)

と述べているのである。ここでは意識と無意識を実体化して区別する見方は完全に放棄されているのである。

第七章　異文化との出会いとナチズム

異文化への親和

ユングほど東洋の文化をはじめとして、異文化に関心を示した思想家はいないであろう。牧師の家庭に育ちながらキリスト教に対して違和感と疑問を感じながら育ったユングが、異文化の精神と思想に親和性を感じるのは必然的なことかもしれない。彼はイスラム圏のアフリカ、黒アフリカ、アメリカ、インドに旅行しているし、インド哲学、中国哲学、それに禅仏教とまで積極的に取り組んだ。それだけにとどまらず、世界中の神話や習俗に興味を持ち続けた。だからユングに対して、異国趣味や、東洋の哲学にかぶれた思想家であるという見方がなされることさえある。しかしそれに対して、ユングほども西洋人のコンテクストを大切にし続けた思想家はいないと言えるであろう。この章ではユングと他の文化圏とのかかわり、さらにはそれに関連して、第二次世界大戦とナチズムの問題をめぐって考えてみたい。

1　東洋との出会い

エラノス会議

ユングは第五章で述べた精神的危機にあったときに自分が生み出したイメージや内容がグノーシス主義につながることには気づいていた。しかしそれ以外の手がかりはほとんどなかった。ユングは一九二〇年にすでに易を実際に試みていたというし、東洋哲学者であるリヒャルト・ヴィルヘルムに知り合って、易についての講義を受けたりもしている。一九二八年に描いたマンダラが東洋的であることに深く印象づけられていた。そのときに、リヒャルト・ヴィルヘルムを通じて、『黄金の華の秘密』(太乙金華宗旨)を知るのである。これはユングの内的体験におおいに光をあててくれるものであった。そしてこの本が中国におけるいわば錬金術の書であったことから、ユングは西洋の錬金術の研究に向かっていくのである。

ここでも述べるインドへの旅による接触の他に、ユングの東洋との接点はエラノス会議である。エラノス会議とは既にこれまでも様々な思想家や芸術家が集まって文化運動の中心地であったアスコナのはずれの湖畔のカーサ・エラノス(エラノスの家)において、オランダ女性のオルガ・フレーベ＝カプタインを発起人として一九三三年にはじまったものである。アスコナはスイス南部のイタリア語圏の町で、マッジョーレ湖畔の風光明媚な地に位置している。最初のエラノス年報の序文で彼女が「東と西の媒介を目標としてきた」と述べているように、エラノス会議には神話学者のケレーニー、宗教学者のエリアーデの他にインド学者のハインリッヒ・ツィンマー、イスラム学者のアンリ・コルバンなど、多くの東洋に関する学者が発表を行ったのである。この会議を通じての東洋の思想との出会いもユングにとって重要であったと思われる。

　ユングと東洋とのかかわりで重要なのは、「自己」(Selbst)の概念であろう。意識を越えた魂全体の中心ということをユングは第二人格などの自分の体験を通してつかんでいったが、それは東洋思想を通じて確かめたとも言えるのである。マンダラについても、東洋によるところが大きい。西洋において「自己」というのがつかみがたいのは、一つは自我意識の強さであり、もう一つは神というものを常にたてることであろう。自我意識があまりにはっきりしていると、こころ全体の中心というものから遠ざかってしまう。またユングは、東洋においては魂が現実を生み出しており、それが即ち一者、仏なのであるのに対して、西洋では全てが神の恩寵のように外から来るようになってしまうと述べている。そうすると自己というイメージはつかみにくいのである。『黄金の華の秘密』に対するコメントにおいても、いかにして「霊的身体」を作るかの話になっており、これも自己のイメージとの関連で捉えることができよう。しかしユングは霊的身体を作ることから錬金術につながっていくのである。

東洋の特徴

ユングの時代ならともかく、「東洋」という括りでひとまとめに論じることができるのかどうかは検討しないといけないけれども、ユングが東洋の特徴として述べていることは興味深い。ユングは、東洋においては「自己」のイメージが豊かであるが、それに比してアニマとペルソナのイメージが弱いことを指摘している(『自我と無意識の関係』GW7, §304)。これはユングによれば東洋では西洋のような自我につながるペルソナがあいまいなために、それの補償として生じてくるアニマのイメージもあいまいになるのだという。また西洋ではアニマを無意識の人格化、つまり無意識に対する関係の機能であると捉えているのに対して、東洋では逆にまず無意識の立場に立って考えるので、意識とはアニマの働きであるとみなしている。これも本質をついていると思われる、後に河合隼雄が日本の昔話を女性の意識から分析したのを先取りしているかのようである(『昔話と日本人の心』)。そして東洋では幻想を拒否することで悟りを開こうとするのに対して、西洋ではまず幻想にはいるのが大切であると指摘している。これは単に東洋と西洋の対立の問題ではなくて、ファンタジーに入っていくのと見通していくのとの対立を扱っているとして読むと、心理学的に興味深いであろう。

　またユングが東洋の特徴として距離を取って書いていることが、ユング自身に、特に『死者への七つの語らい』に当てはまっているのが興味深い。ユングは、東洋の思想が、最初から根本的なところからはじめるとしているけれども、「無は充満と等しい」という言葉からはじまる『死者への七つの語らい』はまさに根本的なところからはじまっているのである。また西洋が善を目指して悪にとらわれてしまうのに対して、東洋では善からも悪からも距離を取ってしまうことに対して、ユングは異議を唱えている。つまりそうすると善も悪も本来の輪郭を得なくて、停滞状況を作り出すのではないかという。善も悪も自分にとってのものとして相対化されてしまう。しかしながら、『死者への七つの語らい』ではまさに、このように善からも悪からも区別して、善悪の彼岸に立つことが説かれているのである。

　ユングが東洋に興味を持ったのは、このように自分自身がそのような文化と近い思想を持っていたことによるのがわかる。しかしユングの場合には、あくまで自分のコンテクストから出発していることに注意する必要があろう。ユングは「ヨーロッパにおいて私は東洋からの盗用はできず、私自身から生きていかねばならない」と述べている。インド旅行の最後の方で、ユングは聖杯を持ってこなければならないという夢を見た。これによってユングはインドの強烈な印象から解放され、西欧への関心に立ち戻る。インドは自分の課題ではなく、自分の目標へ近づく一断片に過ぎないことをユングは思い起こさせられる。帰途の旅ではユングはラテン語の錬金術の原文を読みふけっていたという。中国もインドも、ユングを西洋の錬金術に立ち返らせたのである。

2　アフリカと宗教体験

神の追体験

ユングは一九二〇年にチュニスに行く友人と一緒に北アフリカに渡り、一九二五年にケニヤとウガンダを訪れている。その時のユングの体験、および感想がユング心理学のスタンスをよく表しており、とりわけ現実性についてのユングの捉え方を如実に示していると思われるので、ここで取り上げたい。

エルゴン族の老人が説明してくれたのによると、朝になって太陽が昇るとき、彼らは小屋から飛び出して、手に唾をはきかけ、その両手を太陽に向かって差し上げるという。ユングが行為の意味を尋ねたが何の説明を得ることもできなかった。この日の出の瞬間だけ太陽は神なのである。それ以外のときは神でも何でもないのである。ユングはこれに非常に感銘を受け、追体験を試みるのである。

少年時代における自分自身の石の体験について、その意味とか解釈とかにユングがいっこうに気にならなかったのは既に紹介した。それは神の体験、そもそも体験の現実性とは意味とか解釈によって導き出されるものではなくて、体験されるときに自明に存在するからである。このエルゴン族の場合でも神体験の現実性があり、それをユングは感じ取っている。ユングは夜明け直前にキャンプ用の椅子を持ち出して、かさアカシアの下に坐る習慣をつけて、この神の体験を自ら味わっている。このような現実性に対する触れ方に古代人ユングの特徴がある。

興味深いのは、ユングが、太陽は神だと言ってしまうと原体験が失われることを見抜いていることである。これは固定化し、実体化することのできない神なのである。ユングは心理学では象徴を重視するけれども、そうすると何かある実体があって、それの性質を論じているかのようになりがちである。これは意味とか、象徴とか、実体とかで接近できない現実性なのである。

太陽とか神とかを実体化しないことと表裏一体なのは、神という体験に行為が伴わないといけないことである。神は客観的にあるのではない。人間の儀式や行為があってこそ現れるものなのである。ユングは、同じく太陽を崇拝するアメリカインディアンのところを訪れたときに聞いた言葉を『自伝』に記している。

「われわれは毎日、われらの父が天空を横切る手伝いをしている。（中略）もしわれわれがわれらの宗教行事を守らなかったら、十年やそこらで、太陽はもう昇らないであろう」

だからアメリカインディアンにおける太陽神を文化人類学的に取り上げたり、観光客として観察したり、あるいは心理学的知識として用いたりしても、それではその太陽神のリアリティーにふれていないのである。実際に崇拝し、儀式を行ってこその太陽神なのである。

いくら意味として捉えられず、実体化できないものとはいえ、ユングがこの神体験について述べていることは興味深い。日の出というのはユングの重要なテーマである。『変容の象徴』に見られるように、ユングは日の出をはじめは英雄神話から捉えていた。つまり一度は竜や巨大な魚に呑み込まれた英雄が再生してきたり、夜の海の航海をへて英雄が光のところに出てくる。夜を経て朝に光をもたらす太陽は、この英雄神話の典型なのである。しかしユングが死と再生や、心的エネルギーの退行と進行という見方を強調していることからわかるように、英雄神話においては連続性と循環が前提とされている。つまり呑み込まれた英雄はいつか再生してくるし、夜になったのはいつか昼になるのである。またノイマンが詳細に論じたように、英雄の誕生や再生は意識や自我の誕生としても捉えられるけれども、自我＝英雄像という実体があるような印象を与える。闇が無意識であるのに対して、誕生する英雄や太陽が自我であるかのように思われるのである。そうするとあたかも二つの実体があるかのようになってしまう。

意識の誕生と世界の創造

これに対してエルゴン族の場合に関連しても、ユングは昼と夜の根本的な違いを強調している。しかしこれはまだ循環する時間ではなく、それは単なる根本的な差異として、いわば振動として捉えられているのである。ユングはエルゴン族が昼間には全く楽天的に過ごしているのに、日没とともに悪霊と暗黒の別世界が支配することを観察している。そして夜明けを迎えると楽天主義が戻ってきて、それには何の矛盾もないのである。昼と夜は全く別の時間、世界であり、そこに連続性はない。だからこそ闇から光に転じるときは劇的なのであり、それは光、意識の誕生なのである。しかしこれは実体化されていないことが大切である。ユングが、太陽が神であるというのが誤りであるとするように、太陽が意識であるというのは誤りなのである。意識とはそのように実体化されるものではなく、闇が光に転じ、またそれを可能にする行為なのである。ユングは唾をはくことを、個人の魔力、生命力を捧げること、つまり魂を捧げることとして理解している。意識の誕生は常に犠牲を捧げることによってのみ可能なのである。

意識の誕生、それによる動物の世界から人間への飛躍についてはユングが興味を抱いていた境目である。『変容の象徴』もこの視点から読むことができるくらいである。アフリカのサヴァンナで地平線の彼方まで動物しか見えないところに入ったときに、ユングは同行者の見えなくなるところまで離れていって、そこでただ一人でいるのだという感じを味わった。ここは永遠の原始の静寂があり、非存在の状態にある世界があった。「というのはつい最近まで、『この世界』があることを知る者は誰もいなかったのである」。ユングはさらに「そのとき私は、これが世界であり、そして人類がこの瞬間に自分の知識によって、はじめて現実的に作りだしたということを知った最初の人類であった」と述べている。人間の意識が誕生し、そして創造しなければ世界は存在しないのである。

『結合の神秘』においてユングは「人間にとっては創造の完成が不可欠であり、実際に人間が第二の世界創造者そのものとして、世界をはじめて客体的存在たらしめる」とか、「人間の意識が客体的存在と意味とをはじめて創り出す」とか述べている。これは魂が現実をつくる、ファンタジーが現実をつくる、というのと同じことである。神経症に関連して、魂の創り出すファンタジーは、外傷体験などの因果的な第一の原因からすると時間的には第二の原因のようであり、物理的な第一の原因に対する単なる解釈のように思われるけれども、じつは第二の原因こそが論理的に先立つものであることを述べた。第二の創造についても同じことが言え、意識による創造こそが第一の創造なのである。神によって動物などの世界がすでに作られていたというのは、実は第二の創造のあとから構成されていることに過ぎないのである。ここで述べている意識は、無意識と対立するような狭い意味での意識ではなくて、魂と同義なのである。

西洋文明が地球を覆ったとき

東洋に対するのと同じように、アフリカに対してもユングはどこまでも自分自身の基盤、つまり西洋人の立場を大切にしようとしている。だからアフリカの心性に対しても、それは西洋が異文化を見るという水平的な発想ではなくて、むしろ自分自身の深みとして見るという垂直的な視点であった。アラブ文化に出会ってユングは、アラブ人の情熱的な本性が「われわれ自身のうちにある歴史的な層に(中略)強烈で暗示的な影響を及ぼした」と述べている。イスラム圏のアフリカへの旅、そしてこのケニヤとウガンダへの旅において、ユングはあまりにアフリカに同化することに対して警告の夢を見ている。ここでは後半の旅における夢を少し紹介したい。

その夢にアメリカで会った黒人が登場する。そして彼はユングの頭に向かって巨大な灼熱したヘアアイロンで毛髪をこまかく縮れさせようとした。つまり彼はユングの髪の毛を黒人の縮れ毛にしようとしていて、ユングは痛いような熱気を感じて不安感で目覚めた。ユングは黒人になる瀬戸際にいたと考えているが、そのとおりであると思われる。またこのときにユングはすなばえ熱の発作にかかっており、イスラム圏のアフリカを訪れた際にも、「精神的に感応してしまって、外的にはそれが感染性腸炎という形で現れた」と述べているのが興味深い。文化のぶつかり合い、そして異質なものの侵入は、単に観念的なものにとどまらず、身体的なものにまで及ぶことをユングは身をもって知っていたのである。

このことは、極端な転移を受けた場合に治療者に身体症状が出ることを述べているのにも関連しているし、極端な例としては、リヒャルト・ヴィルヘルムの例がある。ヴィルヘルムは中国文化にあまりにも同化し、後にヨーロッパに戻ってからはまたヨーロッパに再同化してしまい、ユングの忠告にもかかわらず心理学的に自分の姿勢を修正できず、二十年前にかかったアメーバ赤痢が再発して亡くなった。

印象的なのは、ある老医術師が、白人がアフリカに来てから夢を見なくなったことを嘆いていることである。つまり白人たちが全てを知っているので、シャーマンの見る夢は必要とされなくなったのである。ユングは西洋文明の侵入によって、復旧の可能性もなく世界が崩壊していくのを感じている。ユングがこれをわざわざ報告しているのは、様々なことを考えさせられる。そうすると太陽が昇る瞬間を神として感じたような現実性は生きながらえるのであろうか。どこまでも太古的な現実性を感じ、それを生きながら、同時にそのような世界が失われていっていることもユングは知っていたのではなかろうかと思わせるのである。

またユングは西洋人が西洋のコンテクストで生き、考えることを強調しているけれども、たとえばアフリカ人がアフリカのコンテクストで、東洋人が東洋のコンテクストでというのが、このように西洋の文明が地球上を覆ってしまった中で可能であるのかどうか考えさせられるところでもある。いみじくもユングは述べている。「現代の東洋は全く変わってしまった。それは、徹底的に、どうしようもないくらい、西洋からかき乱されてしまっている」。

西洋の心理学をそのまま東洋に適用することが無意味なだけでなくて、東洋のコンテクストからだけの心理学というものは、おそらくもはや不可能なのであろう。

3　ナチズムと第二次世界大戦

両極端の議論

ユングにおいて二度の世界大戦は自分の精神的危機と重なっている。一度目はフロイトとの訣別の後にはじまった方向喪失感を含む、いわゆる中年の危機であったし、二度目のは一九四四年に心筋梗塞からまさに生死の境を彷徨《さまよ》った危機である。それについては第十章で死との関係で詳しく述べたい。ここではむしろ第二次世界大戦につながってくるドイツにおけるナチズムとの関係について考えたい。

ユングとナチズムに関する議論は、こういう主題にありがちなように両極端である。多くのユングの信奉者によれば、ユングはナチズムと距離を取っていたし、むしろそれに反対していたことになる。だからナチズムとの問題は論ずるに足りない誤解ということになってしまう。確かにユングの全集を紐解いてみると、ナチズムの、しかも個人を抹殺する傾向に対して批判的な言葉が目につく。それに対して、ユングのナチズムとの関係を批判的に見る人は、ユングがナチズムに荷担していたとさえみなす。

この問題が複雑なのは、フロイト及びフロイトの多くの弟子がユダヤ人であり、そこから決裂していったユングが精神分析運動の中で例外的にユダヤ人でないということのためである。だからユングのナチズムやユダヤ人問題に対する態度が、暗にフロイトに対する攻撃や裏切りとして受け取られやすいのである。そのためにユングのナチズム問題は必要以上に増幅され、時には意図的に拡大されることになりがちである。それに対してここでは、ユングの直接の行動を批判したり弁護したりするのではなくて、ユングとナチズムの関連を、ユングの思想の構造と内容に内在する問題として捉え直してみたい。

焦点は思想的なものであるとしても、まずはナチズムをめぐる事実関係を整理してみたい。これについては、ヴェーアによる『ユング伝』における記述が正確で客観的であるように思われる。一九三三年に「心理療法一般医師協会」の会長であるエルンスト・クレッチマーが辞任し、副会長であったユングは、この会長職と『心理療法とその境界領域中央雑誌』の編集長を引き継ぐことになる。おりしもドイツでは「画一化」と国家社会主義のイデオロギーが浸透していっている時期であった。ユングは心理療法協会を画一化から守るために、ドイツ、スイス、オランダなどのように国別に集団を作り、国別集団以外にいかなる国別集団にも加わりたくない個人は新しい国際協会に加わることができ、いかなる国別集団も出席者の四〇パーセント以上を代表することができないように決めたのである。これによって、たとえドイツの国別集団がゲーリング元帥の従弟であるM・H・ゲーリングによって画一化しても、ユダヤ人の同僚たちも個人として協会に参加できるはずであった。

誤解

ところがトラブルは早くも一九三三年に持ち上がる。ドイツ向けだけの『中央雑誌』に載るはずであった、ドイツの心理療法家を国家社会主義の原理のもとに服させることを義務づけると宣言したゲーリングの文章が、ユングの意図に反して国際版の『中央雑誌』に載ってしまったのである。事情を知らない人間には、ユングがゲーリングを容認しているように思われたのである。さらには一九三三年の『中央雑誌』の第三分冊に載ったユングの巻頭言が誤解を招く。これにはゲルマン人の心理とユダヤ人の心理の違いを認め、なおかつ、それはセム族の心理を低く評価しているわけではなく、それは中国人の特有の心理について述べても、中国人を低く価値づけているわけではないのと同じだと述べている個所がある。これだけを読めば何の問題もないところであろうが、ナチによるユダヤ人の迫害と、ユングの編集している雑誌にゲーリングの文章が載った後だけに誤解を招いてしまった。『NZZ』(新チューリッヒ新聞)でスイスの精神分析家グスタフ・バリーは「ドイツ民族治療」という見出しの記事を書いて、ユングを激しく攻撃する。それによると、ユングは『中央雑誌』の編集長として、ドイツ国家社会主義を後押ししているというのである。様々な資料が明らかになっている現在では、これは誤解であることがわかるけれども、当時の状況下ではユングはナチに荷担しているように見られ、非難をあびることになってしまったのである。

ユングが危険な状況にあったフロイトを助けようとしなかったという非難もあるが、それも誤解であったことがわかっている。ユングに近かったバーバラ・ハナが書いているのによれば、ユングは自分の弟子のフランツ・リックリン・Jrをウィーンに派遣して、フロイトを援助しようとしたけれども、フロイトが「敵の助けを受けるわけにはいかない」と拒否しただけなのである。このあたりのことはハナによる『ユング伝』に詳しい。

ユング自身の対応については、自分自身でも認めているように軽率なところがあったのは事実であるけれども、ユングが疑問を呈しているように、逆に会長職を引き受けるなどというやっかいなことをせずに、ナチの問題には全くかかわらぬようにするのが正しいとも言えない。当時の状況の中で果たしてどのように行動すべきであったのかはなかなかむずかしいことなのである。ところでたとえ後の資料によってユングのあびた非難は誤解であることがわかっても、これでユングとナチの問題が解決したとは思えないのである。そこでナチのことを思想的な問題として検討してみたい。

ナチとの接点

ユングは、一九三六年に「ヴォータン」という論文を書いている。これはドイツにおける国家社会主義の運動を、ヴォータンというゲルマン固有の神に関連づけて考察したものである。ユングによればドイツで起こっていることは人間の次元を越えていて、その背後に神のイメージやはたらきを見ていく必要があり、それがヴォータンである。さすらいの神であるヴォータンにユングはナチの東方移住の計画との関連を見ている。そして熱狂させる神であるヴォータンはキリストとディオニュッソスとの類似があるけれども、ディオニュッソスがバッカスの女たちを狂乱させるのに対して、ヴォータンの場合には男性に取りついて熱狂させるとしている。それがＳＡ(ナチスの突撃隊)である。

ヴォータンは凶暴な戦士であり、嵐、放浪、戦い、風、死者の神でもある。ヴォータンの落ち着かず、暴力的で嵐のような性格の他に、ユングはエクスタシーと占いに関連する特徴に注目している。

ヴォータンという神がナチの本質を言い当てるために他の神に比してふさわしいかど

うかはまた別の議論になるであろう。前章で取り上げた『自我と無意識の関係』の出だしにおけるある女性患者の転移状況においても、父親像は彼女の夢の中でついにヴォータンの姿になっている。そこでユングは転移が個人のレベルを超えて集合的無意識の領域に入っていることを指摘し、ヴォータンと風、息、精神との関係を強調している。こここで問題にしたいのは、ヴォータンを取り上げたという思想のあり方である。ユングが「集合的無意識」という用語を作ったことからもわかるように、ユングには個人を超えた次元を重視する姿勢がある。これは個人でなくて国家を強調したナチにも関連しそうな印象を与えるが、ユングの場合には集合的なものと自分を心理学的に区別するということが大切になるのが異なる。だからこそユングは自分の心理学の過程を「個性化」と名づけたのであり、また個性化がいかに個人主義と異なるかを苦労して説明するのである。

ヴォータンはゲルマン人に固有の神で、キリスト教以前の神である。キリスト教のアンチ神話的なところや、生きた宗教をドグマに押し込めようという姿勢に疑問を持っていたユングにとって、キリスト教以前の神話や神々というのは魅力のあるところであった。だからヴォータンという神の復活は生きた現実性との触れあいになるはずである。その意味でドイツ人のアイデンティティー、その根源性にこだわるナチズムとも近くなってしまう。これまでの叙述やアフリカの宗教体験について述べたところからもわかるであろうが、ユングには直接的な現実性を肯定するところがある。直接的で生な現実性の肯定と根源性への憧憬がユングの思想構造に潜むナチとの接点である。もっとも既に暗示してきたし、次章で詳しく考察するように、ユングにおいては絶対的な肯定と否定がせめぎあっている点にも注意する必要がある。

ゲルマン神話へのノスタルジー

もう一つは、根源性への憧憬と関連するが、ユングのノスタルジックな問題である。キリスト教の神話にユングは幼少時から行き詰まりを感じていたし、それは精神的危機に陥ったときの自分がその中で生きている神話について問うたことからも明らかなことである。そこでユングは、それ以前の、キリスト教によって破壊された神話に期待する。そこにノスタルジックな姿勢が見られるのである。しかしキリスト教と西洋の精神史によって破壊された神話が本当に再生するのであろうか。ユングが精神的危機に陥ったときに狩人のジークフリートをライフルで殺害する夢を見たことはすでに述べた。それをユングは自我の英雄的な面の犠牲として受けとめたが、それはむしろ、神話的世界そのものの犠牲として捉えられないであろうかと提言した。それは普通ならば犠牲に捧げられた英雄が昇ってくる太陽として再生してくるその瞬間に殺されてしまうからである。神が死んで再生するという循環にわれわれはもはや生きていない。ジークフリートの犠牲は、これまでの犠牲とは質の異なる犠牲なのである。それなのにユングは再びゲルマン神話のヴォータンを呼び出してしまう。これまでの世界観が行き詰まったときに、その行き詰まりを本当に受けとめられないで、ノスタルジックに昔のモデルを捜してしまう。そのあたりがユングの思想のあり方がナチズムに近づいている点である。

このあたりはハイデガーにも似た問題がある。ファリアスの本によって、ハイデガーとナチズムとの関連が再び問題にされた。この本も事実をかなり意図的に歪曲している印象を否めず、総長就任やそれに伴う演説に問題があったとしても、ハイデガーが本当にナチズムに荷担していたとか断言することはできないであろう。しかし問題はハイデガーにおいても、思想のノスタルジックな面である。ヘルダーリンの詩の解釈を読んでもわかるように、古きゲルマン精神への郷愁のようなものがある。ハイデガーの場合には、あくまでも「根源の近く」で思惟するという姿勢であっても、存在の根源性への志向は強いのである。根源性への憧憬は、しばしばノスタルジックで今の状況を見ない原理主義になりがちなのである。

象徴の貧困化への醒めた洞察

神話やイメージに対するユングの姿勢を検討してみると、両極端の傾向がうかがわれる。一つは一般的にそう受けとめられているように、昔、ことにキリスト教以前の象徴やイメージ、異文化の象徴によって、無意識から切り離された自我、一神教的な硬直などの西洋近代の問題を乗り切れるとみなしていたように思える側面である。しかしそれとは対照的に、他文化から象徴を取り入れることに対して懐疑的で、むしろ現代における困難さ、象徴や神話の不在をまずは受け入れていく必要性を説いているように思える側面もある。

もともと一九三四年の第二回のエラノス会議でなされた講演で、後に「集合的無意識の元型について」という題で出版された論文において、ユングは特にプロテスタント主義によって、いかに象徴の貧困が現実のものとなったかを述べている。そして驚くべきことに、だからカトリックや他の文化の例にならってイメージを豊かにしようというのではなくて、象徴が貧困化していくことそれ自体に意味を認めようとしているのである。象徴の貧困に対して、たとえば東洋の象徴を借りたりして、それを埋めるべきではないという。「それよりももっとよいのは、象徴がないという精神的な貧困をはっきりと認めることのように思われる」(「集合的無意識の元型について」GW9/I, §28)と述べているのである。

この個所でのユングには、新しい神話や象徴を見つけようとか、ましてや昔の神話や象徴に頼ろうという姿勢はない、むしろジークフリートを殺害したという事実、神話や象徴が存在しないという事実に忠実であろうという態度が見て取れる。ナチズムの問題が広がっていたまさに一九三四年に、ユングがこのように醒めた洞察も持っていたことは注目に値し、その時代に限らず、現代においても、象徴が貧困化し、これまでの世界観が崩壊していくなかでの新しい現実性の発見にどのような姿勢が必要であるかを教えてくれるのである。

それと同時に考えねばならないのは、個人から世界の問題を見ていったユングの方法の限界であろう。ユングは個人の問題にしばしば時代の問題が影を落としていることに気づいていた。けれどもそれによって問題を社会的なレベルで解決することを図るのではなくて、個々人が問題と向かい合い、新しいイメージや象徴をつかんでいくことで時代や世界の問題が克服できるという信念を持っていた。しかしそれは本当に可能なのであろうか。むしろ心理療法での出来事は、いかに感動的であろうとも、それは個人レベルの出来事ではなかろうか。そしてヴォータンの夢をもたらした女性患者の場合のように、個々の治療例で神々は生きていても、この時代においてどのような神が生きているのであろうか。あるいはユングの言うような象徴の喪失を受け止めるのがまず第一なのであろうか。特に現代における時代の問題と心理療法における問題の解決の関係は、もう少し検討の必要があろう。

第八章　結　合

錬金術の研究

『黄金の華の秘密』をきっかけとした中国の哲学との出会い、インドへの旅行によるインドの宗教と世界観の体験も、結局は西洋における錬金術に戻ってくる。ユングの思想は、錬金術の研究の理解を抜きにして語るわけにいかないといっても過言ではないくらいなのである。これからの二章においては、ユングの錬金術に関する研究を取り上げてみたい。その錬金術に関する研究で特に重要なのが結合のテーマで、これはユングにとってまさに中心的なテーマであると言えよう。八十一歳のときに書き上げた『結合の神秘』について、ユングは自分の心理学が遂に現実の中にその場を得、かくて自分の務めは完了し、仕事はなされたと述べているくらいなのである。これはユング心理学のゴールであるとさえ言っても過言ではないくらいなのである。しかし結合についても様々なニュアンスがあり、様々なコンテクストで扱われているので、ここではユングにおける結合の考え方について検討してみたい。

1　自我と無意識の結合

異性像との結合

結合はまず、自我と無意識、意識と無意識の結合として登場する。ユングによれば、意識はある態度と方向性を持っており、それに対立したり、それを補償したりする傾向が無意識に存在するので、対立するものを意識に取り入れて統合することが必要になる。これの典型的なのが、ユングの概念で言うと影の統合であり、劣等機能の統合であろう。影というのは自分の人格のなかの生きてこられなかった反面であり、劣等機能とは、思考が優位な人にとっての感情機能、直観が優位な人にとっての感覚機能のような、自分の苦手とする心的機能のことである。ユングが中年期の課題はあれかこれかではなくて、あれもこれもであるとしたように、個性化の過程においては、これまでに生きてこられなかった面や苦手な面を生きたりすることも出てくるのである。そして自分の中の対立するものを自覚することから、結合の過程もはじまることになる。

自我と無意識の結合の究極的な形は、男性にとってのアニマ、女性にとってのアニムスとの結合であろう。男性にとっての女性的なもの、女性にとっての男性的なものは、意識的なあり方や社会で期待されるあり方に対立するものの一つの極限であろう。影が同性のイメージで現れてくるのに対して、ユングは分析における経験を通して、魂のイメージ、あるいは無意識は異性像として人格化されるとみなしていた。だからこの異性像との結合こそ、意識と無意識の結合のイメージなのである。ユングにおける結合とは、このような自我と異性像としてのアニマやアニムスとの結合として理解されている場合が多いのではなかろうか。

これはよく、グリム童話などに登場する王子と姫との結合としてイメージされている。たとえば美女と野獣の話において、主人公の女性が最初に野獣と結婚するのは、無意識の男性像がまだ自我にとって原始的で不気味なものとして現れていることを示しているとみなされる。それが自我による男性像の受けとめ方が変わり、物語に見られるようにその男性像を受け入れて愛するようになることによって野獣は王子に変容し、結婚という形で結合が遂げられるのである。

ところが、このように一般に流布しているユング心理学の結合のイメージは、フォン・フランツの昔話の解釈と、ノイマンによる英雄神話の解釈から出ているもので、ユング自身を読み返してみると、意外とこのような図式が登場しないのである。むしろ第六章で『自我と無意識の関係』を読み解きながら確かめたように、そこでは結合というよりはむしろ集合的無意識を自我から区別することが中心になっている。アニマを自我とは異なる自律した人格として認め、それを対象化してはじめて、それと対話したりして関係を持ったりできるのである。さらにはアニマを意識化することによってアニマはその自律性を失って無意識との関係の機能になり、それがアニマの統合であるとして理解されている。ここには昔話における結婚のような、安易なアニマとの融合や結合のイメージがないことに注意する必要があろう。そして『自伝』に記されているユング自身の無意識との対決においても、アニマとの結合というイメージは登場せず、ユングはアニマに自分の考えを語らせ、アニマと対話をすることによって、アニマと自分の考えを区別できるようになり、アニマは無意識に消えていき、ユングはアニマをもはや必要としなくなったとさえ書いているのである。これにはアニマの結合にまつわるセンチメンタルで甘美なニュアンスはなく、むしろ乾いていて機能的すぎる印象さえ与える。

自我とアニマ・アニムスとの結合という形になるのか、それともアニマは意識化されることによって無意識への関係の機能になるのか、というだけではなくて、ユングはアニマについて様々なニュアンスで書いている。その中で一つ注目したいのは、たとえば『アイオーン』に書かれているように、アニマは統合されるのではなくて、その内容だけが統合されるのであって、アニマ自体は自律性を残すということである。「アニマは人間の達成できる全体に決して取り込まれることのできない無意識の部分を代表しているものであり続ける」(『アイオーン』GW9/II, §434)とさえ言われていることもある。自我とアニマが結合するとみなすにせよ、アニマが無意識への関係の機能となるとみなすにせよ、アニマは自律性を失い、いわば自我に支配されると考えていることになる。しかし『アイオーン』からの先の引用を読むと、ユングにはこれと正反対の、アニマにどこまでも自律性を認めていく、反‐自我中心主義的なニュアンスも認められるのである。

まさにこの方向でアニマを理解したのがヒルマンをはじめとする元型的心理学であろう。それによるとアニマは自我に決して統合されず、自律性を保ち続ける。そして個性化も、自我がアニマを代表とした無意識を統合するという自我を中心とした結合ではなくて、アニマの、それぞれのイメージの個性化が大切になるのである。これは統合とか結合とかいう考え方自体に対して、真正面から疑問を投げかける見方なのである。これについては、次の章で詳しく検討したい。

対立を止揚する第三のもの

また興味深いのは、影の場合でも、アニマとアニムスの場合でも、誰かに投影されることを通じてはじめて体験されることが多いことをユングはしばしば指摘している。だから結合に際しても、いわば心の中でのイメージと抽象的に結合が為されるのではなくて、実際に自分に向かい合う人間の存在なしには結合の仕事が不可能であるとユングは繰り返し書いているくらいである。このように向かい合うものが必要となり、また向かい合うものとの関係で生じてくるからこそ、心理療法におけるいわゆる転移ということが結合に関しても重要になってくるのである。

心の中の対立するものが、どちらかが選択されるのではなくて、第三のものによって止揚され、結合されるというのはユングの基本的な立場である。その第三のものとして新しい象徴が生じてくるのである。もっともその第三のものは、最初から具体的にあげるのではなくて、tertium non datur(与えられていない第三のもの、あるいは第三のものは存在しない)としていつも示唆されているのは大切であろう。さもなければそれは二つの選択肢が単に三つに変わっているに過ぎないからである。そして意識と無意識の対立に対して、第三のものとして意識と無意識の全体の中心や自己があるという考え方は、『自我と無意識の関係』以来一貫して認められる。グノーシス主義や錬金術と取り組みはじめていた『アイオーン』においても、対立するものはそれより上位の両方を表すことのできる象徴によってのみ統合することができると述べられているのである(『アイオーン』GW9/II, §281)。この見方には、一貫しているようであっても、後で考察するように自我と自己の概念をめぐってのゆらぎがあることにも注意する必要があろう。さらには第三のものが「妥協ではなく新しいもの」であって、だから錬金術における「石であって石でない」というようなパラドックスを通じてしか表現できないのも大切なことであろう(『結合の神秘II』GW14/II, §420)。これにも後に述べるような、実体化を否定していく立場が見られる。

2　対立物の結合とキリスト教

神の世界から排除されたもの

ユングにおける影という概念は、個人が意識的に生きてこなかった反面を意味するので、自我に対立するものであると捉えられるけれども、もっと個人の中の影を越えて、反道徳的なことや破壊的なことなど、普遍的な意味でも世の中に受け入れられがたいことをも意味している。そうすると影は悪という概念ともつながってきて、その場合には自我と影の対立ではなくて、善と悪の対立が問題になってくるのである。またアニマやアニムスに関しても、それは自我と自分の抱く異性像との関係ではなくて、シジギー(Syzygie)というアニマとアニムスの間の関係となってくる。

錬金術のキリストは人間(ミクロコスモス)の救世主であると同時に、「賢者の石」の姿においてはマクロコスモスの救世主でもある。

とユングは『結合の神秘Ｉ』の中で述べている。影の例からもわかるように、ユングにおける対立するものや結合は、個々人のこころの中の対立物だけを扱っているのではない。魂というのが人間の中にあるのではなくて、むしろ魂の中に人間がいるというふうに考えた方が適切であるように、魂の中の対立物とは、実は世界の中の対立であり、世界の中の様々な対立軸を示しているという意味ではコスモロジーなのである。

この萌芽はすでに『心理学的タイプ論』に見られる。当時すでにグノーシスの研究を行っていたユングにとって、西洋の、キリスト教の歴史における対立するものが重要であった。『心理学的タイプ論』においても、観念や精神に基づく実在論と物質に立脚する唯名論との対立などを通して、精神的なものと身体的なものの対立が問題になっていることがうかがわれる。ここで錬金術からは少し離れることになるかもしれないけれども、ユングと西洋のコスモロジー、特にキリスト教の世界観との対決について取り上げてみたい。

三位一体の教義などに関してユングがキリスト教において問題にしたのは、悪、身体、女性性の位置づけがなされていないことである。これらは別々の要素であるようで互いに連関しており、時にはキリスト教の三位一体に入っていないものとして等置されてしまうことさえある。またこれらが神の世界から排除されていることが、神と人間の対立にもつながってくるのである。

キリスト教における無からの創造という教義によって、絶対的になった神は人間から、そして身体や物質的なものから切り離されてしまう。また絶対的な神が創造した世界は善であるはずであって、そこに悪が存在しないことになってしまう。悪の存在を位置づけることができなくなって、キリスト教は悪に実体性を与えず、それを「善の欠如」として説明する。ここにユングは西洋のコスモロジーの問題を認めるのである。また「人の子」という神が受肉したという見方にも、身体性を重んじる思想が認められるはずなのに、イエスの歴史的な一回性と昇天によって、身体性はまた排除されてしまうのである。そしてキリスト教の三位一体は父、子、聖霊から成り、そこには女性的な要素が欠けている。このようなキリスト教のコスモロジーは、教義や形而上学の問題にとどまらない。まさにそのような世界観で生きているからこそ、西洋では排除されている悪や身体性を個々人がどのように心理学的に統合するかが問題になり、また教義上では存在しないはずのものが夢などを通じて現れてくることをユングは心理療法家として問題にせざるをえなかったのである。

三位一体から四位一体へ

このようなキリスト教のコスモロジーの問題をユングは、それの裏文化となったグノーシス主義の考え方などを通じて歴史的な背景から修正しようとする。グノーシス主義においては、世界は神からの流出によって創られたものであるので、確かに世界は階層的になって、霊的な世界、魂の世界、物質世界に分かれるが、物質世界も神から流出してきたものとして連続的に霊的な世界につながっていて、排除されていたり、分裂しているわけではないのである。また世界創造にあたっても聖霊にあたるソフィアが重要で、宇宙の始まりも男性と女性の結合するヘルマフロディテとして見られている。だから女性原理もコスモロジーの中に入っているのである。

またエジプト神話におけるオシリスとセツの兄弟が善と悪を代表していて、その両者が兄弟であるように善と悪との間に関係が認められ、『ヨブ記』における神とサタンの間の会話によれば神とサタンは互いに関係している。それどころかメフィストフェレスが「悪を欲して善を為すあの力の一部」と述べたように、サタンや悪は、神の救済の仕事に参加してさえいるはずなのである。だから悪は神の世界から排除されているわけではなくて、神の世界に含まれているはずなのである。またユングは一九五〇年にマリアの被昇天が正式に認められたことを高く評価する。カトリックのラテン諸国に強いマリア信仰にはキリスト教以前の文化における地母神信仰が認められ、その意味でキリスト教に入っていない母性的なものが中心になっている。そしてマリアの被昇天とは、マリアが肉体を持ったまま昇天したことを認める教義で、これによって身体性や女性的なるものは神の世界、いわば精神的な世界に引き上げられるのである。

このように正統な教義、特に三位一体の考え方に女性的なもの、身体的なもの、悪が含まれていないのを、それらを含んだ四位一体の方が本来的ではないかということをユングは提言するのである。これにはユングが患者を分析していたことを通じて、四者構造からなる夢がよく現れることに気づいたからなのである。すでに『心理学的タイプ論』における心の四機能に関しても、四位一体の構造が見られるとも言えよう。それに対するいわばモデルを提供したのが錬金術で、錬金術は二と四という偶数が女性的なもの、大地、冥界、悪を意味するとみなし、それの人格化したのがプリマ・マテリアで自らを産み出し破壊する竜、メルクリウスの蛇なのである(『心理学と錬金術』GW12, §26)。だからユングにとってのコスモロジーは、善と悪、精神と身体という四者構造から成り立っている(『アイオーン』GW9/II, §115)。そして三位一体が神の完全性(Vollkommenheit)を示すのに対して、悪を含んだ四位一体の世界は完全な世界から見ると何かが欠けているようであるけれども、まさに完全なものに悪というものが付け加わることによって全体性(Vollständigkeit)に到達しているのである。

　ユングは悪を善の欠如とみなさず、善が存在するものならば、悪も存在するものであるとみなしている。これは心理療法を通じて、どうしても悪が存在するという実感と向かい合わざるをえず、それに沿った心理学的な真実を求めていくうちに出てきた結論なのである。悪という心理学的な真実に直面するためには、それの現実性を認め、それを実体化することが必要なのである。しかしながらユングは、それによって心理学的に生み出されるものを実体化してしまったのではなかろうか。さらには、完全なもの、全体性なるものが存在し、それが目標となりうるような印象を与える。そうすると転移に関連して後で述べるように、これは完全なものや理想のものは存在しないとするラカンの立場と真っ向から対立することになる。

しかしながらここで、ユングの言う全体性は完全性とは区別されたもので、目標とされるのは完全性であることに留意する必要があろう。人間は完全性に向けて努力するけれども、達成するのは全体性であって、それは完全性からすると欠けている世界なのである。それにもかかわらずユングは、悪を実体化するのと同じように、欠けた世界を否定的に表現せず、全体性として名づけるところが特徴的であると思われる。

ユング理論の問題点

このように様々な対立や葛藤を個人史や個人の心の中のことに還元せず、歴史的背景やコスモロジー的問題を考えたのは大切であろう。神経症というのは個人の問題に限られていず、むしろ世界観や時代精神の問題であるとするユングからすると、これは当然のことかもしれない。しかし対立を個人史に還元することが、主観化しすぎであるとすると、コスモロジーとして捉えられた対立するものの構造は客観的になりすぎるという問題がある。つまり対立するものとそれの結合が客観的な対象のようになってしまうきらいがある。そうすると対立するものは自分の心理学的な出来事にならず、世界での客観的な出来事に過ぎなくなる。たとえばアニマも、自分の女性像として考えられるのではなくて、アニマとアニムスの結合、女性性と男性性の結合として見られると、自分が入ってこない、外での客観的な結合のようになってしまうのである。

これに関連することであるけれども、コスモロジーは、自分が入ってくる入れ物としての世界について述べている感じにもなってしまう。次節で述べるように、心理学的には中に入っているものと器というのは同一のものであるはずであるけれども、コスモロジーを強調すると、器のみが扱われることになって、この場合にもやはりその中にいる自分との関係が不明瞭になってしまいがちなのである。コスモロジーとしての対立の問題は、実際の分析においても生じると思われる。夢に対して、男性性と女性性の結合などとして解釈しているうちに、それが自分とは関係のないものになってしまいがちなのである。

逆にユングでは、世界での対立と結合を扱っているようで、急に個人のことのようになってしまうことがしばしば見受けられる。たとえば善と悪、精神的なものと物質的なものとの対立について述べていた後で、この四者構造が「心理学的な自己」の特徴であると言われる。そして、「自己が対立するものの結婚式における結合として体験される限りにおいて、個性化は『結合の神秘』である」と言われる(『アイオーン』GW9/II, §117)。あるいは男性的なものとしての太陽と女性的なものとしての月の間のコスモロジー的な対立と結合について述べているところで、月が無意識の象徴として現れるのは男性の場合に限られ、女性の場合には月は意識に、太陽が無意識に対応するとされる。これも月と太陽というコスモロジー的な対立が、非常に個人的なものになってしまっている。そうするとユングが強調している歴史的コスモロジーは、個人的な心理学を宗教的なものに投影したり、個人的な心理学を説明するためにモデルを作っているにすぎないような印象を与えるのである。このように常に個人的なことと世界での出来事の間、いわば自我心理学と形而上学との間に揺れがあることは、ユングにおける一つの問題であると思われる。

3　対立と同一性

結合と分離

ユングにおける結合は、対立性であると同時に対立するものの結合として捉えられている(『アイオーン』GW9/II, §216)。だから自我と無意識の関係においても、集合的無意識の内容を統合するのではなくて、むしろ意識から区別することが大切になる。自我からアニマを区別し、アニマが無意識との関係の機能になることがアニマの統合になっているのである。英雄が竜と戦って勝つことによって、竜に囚われていたお姫様を解放し、お姫様との結婚を遂げることも、英雄とお姫様、自我とアニマの単純な結合を意味しているのではない。竜の形で現れている未分化な無意識から姫として具現しているアニマ像が分化する、あるいは未分化な母親的なものから、女性像が分化するという面もそこには含まれている。だからここにおいても結合と分化の両方の動きが認められるのである。錬金術が分離や解体と融合の両方のプロセスから成り立っているように、結合と分化は一方的なものではなくて、互いに切り離せない動きなのである。

また逆に述べると、異質のものが結合しているようで、それは全く異なるもの同士の結合ではなくて、実は同じものの結合なのである。同一性の思想は、既に『変容の象徴』にも見られる。ユングは英雄と動物、英雄と竜との間の同一性について述べている(『変容の象徴』GW5, §575)。英雄とそれを呑み込む竜や魚は、敵対している全く別のものではなくて、同一のものの二つの側面なのである。また英雄を呑み込むものとしての竜の例からもわかるように、器とその中身の間にも区別はないとユングは述べている(『アイオーン』GW9/II, §377)。

そうすると多くの対立する象徴が同一のものの異なる現れであることがわかる。たとえばキリストは魚というメタファーとしても現れ、また自分を漁師にたとえることもする。この場合においても、ユングが猟師と獲物は同一のものであると述べるように、餌と魚、漁師と魚などは同一なのである。既に聖餐式に関連して、イエスは犠牲にされると同時に犠牲を捧げる者であると述べたように、犠牲を捧げる者は犠牲として捧げられるものと同じなのである。魚という象徴についてユングが述べているのは興味深い。ユングは、魚の両義性が神と怪物(リヴァイアサン)という対立になると述べている。そして意識から切り離された影が二重化されてしまうように、怪物は今度は二つの怪物の対立になるのである(『アイオーン』GW9/II, §185)。この場合にも、対立するものが同じものから発していることがわかるのである。

だから精神と身体、善と悪、男性と女性などのコスモロジーとしての対立も、もともと別々のものではなくて、実は同じものから出ていると考えられる。その一つの重要な軸である男性性と女性性についても、男性と女性という全く別のものが関係し、結合するとみなすと、結合というのはあり得ないことになろう。そうではなくて、男性性と女性性は最初からシジギー(Syzygie)として結合しているのである。それの一つのイメージが、神話によく登場する両親としての世界、父なる天空と母なる大地である。最初は天空と大地がくっついていたのが、引き離されたり、間に柱を立てたりしたという神話は多い。これにおいても、同一のものを分離することが大切なのである。そして原初において男と女は互いにくっついていたというプラトンにおける神話のように、もともと結合していたからこそ、結合、聖なる結婚も可能なのである。

結合の心理学的意味

同じものの結合のもう一つ大切なイメージは近親相姦である。エジプトにおけるファラオの結婚が兄弟婚であるように、近親相姦は聖なる結婚、結合のイメージとして登場する。錬金術において結合する王(rex)と女王(regina)も兄妹であったり、母と息子であったりする。それは結合が異なるものの結合ではなくて、まさに同一のものの結合であるからである。そして母子の関係のようにもともと一体であったものの結合であるからこそ、原初的なものがそこに回復されるのである。この意味でユングでの近親相姦はイメージとしては完全な結合の象徴として現れ、もちろん象徴として見られた場合であるのは言うまでもないことであるけれども、エディプス・コンプレックスに見られるような禁止すべき出来事ではない。また完全性と全体性について述べたように、近親相姦のイメージに関しても、ユングはそのような完全性を象徴する結合ということが可能なものとみなしていることがわかる。近親相姦は禁止されるべきことで、それによってエディプス構造などの秩序が成立するとみなされていたり、ラカンのように近親相姦の禁止によって完全なものがあるかのような幻想が生じるとは考えていないのである。しかしこれはそう単純に言い切れるものではないので、錬金術の論理について詳しく述べる際にもう一度検討したい。

このような結合における対立と同一、あるいは同一性と差異性はどのような心理学的意味を持っているのであろうか。まず対立するものが同一とみなすからこそ、一方からすると他方は自分のあり方や見方から離れた単なる対象ではなくて、自分のあり方と密接に関係しているものとなるのである。つまり対象やイメージは常に客観だけではなくて、それは主観でもある。たとえば自分は犠牲を捧げているだけではなくて、それは同時に自分が犠牲にされていることである。あるいは自分の影は、自分から切り離されたものではなくて、自分のあり方に密接に関連しているので、自分のあり方を変えることが即ち影の現れ方の変化につながるのである。同一性と差異性を前提にして、様々なイメージとの心理学的な作業は可能になるのである。

また結合というのが対立であると同時に結合であるならば、最初に対立しているとみなされているものも実は既に結合しているのであり、逆に最後に結合したとみなされるものも実は最初から結合していることになる。つまり心理学的な作業、そもそも魂の動きにとって、最初と最後は同じなのである。これは様々な錬金術の象徴に如実に現れている。たとえばプリマ・マテリアはオプス、つまり錬金術の作業の最初の材料にして最後の産物であり、その一つとしての硫黄も、最初は生の卑俗な(vulgär)硫黄であると同時に、最後は昇華された産物なのである。魂の現実性とは、自分の尻尾をくわえているウロボロスのようなものであると言え、はじめと終わりが同じなのである。そして最初と最後が同じと構造的に見てしまわずに、それに動きをもたらすのが大切なのである。

対象について述べたことは、他者にも当てはまる。つまり治療関係、ひいては人間関係も、同一のものの対立であるからこそ成立するのである。他者は他者であるけれども、すでにつながっている。これが他者が別のものとみなす前提から出発すると、いくら転移関係やコミュニケーションを重視しても、他者に届かないであろう。治療関係を重視する心理療法ほど、別々のものの間の関りとして関係を見がちなので、皮肉なことにむしろ根源的な同一性から遠ざかる危険があると言えよう。

4　神との合一

人の子と神の子

ユングがキリスト教の歴史やコスモロジーと対決したのは、身体性、女性性、悪の欠如や三位一体性と四位一体性の対立をめぐってだけではない。ユングにとって大切なのは、キリストが歴史上の一回だけの存在ではなくて、人が神になるということを心理学的に自分で具現することである。それは幼い頃に聖餐式でのキリストの受肉に対して思いをめぐらして以来のことなのである。

キリスト教においても神に似ること、神を模倣することは大切なことである(『アイオーン』GW9/II, §70)。しかしながら模倣すること、類似することはあくまでそれに近いことであって、同一性ではない。そしてたとえばアウグスチヌスの神学において、人間には神に似た理性的魂と動物的なものがあるということになると、人間の中に理性、肉、動物という部分や階層ができることになってしまう。これは世界における神、人間、動物という階層にも対応しており、これもコスモロジーになってくるのである。類似やイメージに弁証法的な飛躍はない。つなごうとすればするほど、中間のものを作ってしまい、逆に遠くなってしまうのである。ましてや歴史的なイエスの一回性や無からの創造を強調すると、神と身体を持つ人間、善なる神と悪をもたらす人間というような対立が生じて、人間は神から完全に引き離されてしまう。

それに対して、ユングは人間が神になり、神との合一をするという可能性を常に心理学的に問題にしていた。結合ということでユングが考えていたのは、むしろ神との合一であったとも言えるのである。ユングは『ヨブ記』についての解釈で、ヨブに対して下した裁きがあまりに厳しかったことを神が後悔し、あらためて自ら「人の子」としてこの世に受肉しようとしたとみなしている。これこそが神が人になることなのである。そしてそれは歴史上の一回だけのことではなくて、『詩篇』八二・六に「あなた方は神だ、あなた方は皆、いと高き者の子だ」と言われているように、人間は全て神の子なのであるとユングは考える。対立性と同一性についての考察からしても、神が人間から完全に隔絶されているのはありえないことなのである。

しかし同時にユングは、ニーチェの場合なども挙げつつ、人間が神となることによるインフレーションの危険も指摘し、それから区別する必要性を指摘している。だから『自我と無意識の関係』におけるマナ－人格に関しても、自我をそれからいかにして区別するかを説明するのに腐心しているのである。この場合においても、結合と対立性の関係が大切なのである。

自己と自我の関係

神と人との関係は、ユング心理学的に言うならば自己と自我の関係の問題になる。まずユングにとって、東洋の哲学や宗教では本来的自己と呼ばれるものが、キリスト教でもキリストのイメージで示されるということが大切であった。ところで一般によく理解されているように、自我と自己を二つの異なる実体であって、自己がこころ全体であったり、こころ全体の中心であるのに対して、自我は意識という狭い領域だけであり、その意識の中心であると思っていると、自己や自我をあたかもある空間に存在するものであるかのように実体化してしまっている。そのように自己を実体化すると、自我へのこだわりや自我の中心性を批判しているようで、それは自己にすりかわっているに過ぎなくなるのである。

『自我と無意識の関係』において、ユングは自分が魔術師、賢者、王になった気になって、マナ－人格に同一化して自我膨張や自我誇大の状態になることを批判すると同時に、魔術師や賢者の弟子になることも同じメカニズムであるとして批判している。この場合には、自分は弟子として師匠にとても及ばないと謙遜して卑下し、いわば同一でないことのアリバイを作りつつ、実は密かに師匠と同一化することによって、自分が師匠と同じ内容のものを持っていると信じるのと実質的には同じことをしている。自我と自己の関係においても同じことが認められる危険が存在しているのではなかろうか。自我は自分の存在への執着や中心性へのこだわりを棄てて、もっと上位にある自己にそれを譲ったように見せかけつつ、自己への秘かな同一視によって、棄てたはずのものは変わらずに保たれているのである。

『アイオーン』においても、ユングはまだ自我と自己を図式的に区別している。しかしながら、この区別を保てないところもある。たとえばキリストが神であると同時に人であることに関連して、キリストが人としては自我、神としては自己に対応するので、同時に自我でも自己でもあり、部分でも全体でもあるという書き方に表れている(『アイオーン』GW9/II, §171)。さらに最晩年の『結合の神秘I』において、自我と自己の区別は保てなくなっている。ユングは錬金術における太陽と意識の光の類似について考察しているところで(§127)、意識も自我という正体不明のものから出ていることに言及し、「自我とは無意識それ自体の比較的コンスタントな人格化である」としている。そしてアフリカでの日の出の体験について述べたのと同じように、日の出という意識の出現こそが世界が創造されるために必要であることを指摘しているのである。太陽がキリストの象徴であると同時に自我の比喩でもあること、そして意識が「いわば第二の世界創造」の性質を備えているという点で、神と自我は同一であり、自我と自己は同一なのである。ユングは昔の概念との矛盾がないことを強調しようとしているが、ここで自我と自己を二つの別々の実体とみなす見方は通用しなくなっている。むしろ自我も自己も実体ではなくて創造のはたらきとして見た場合には同じものなのである。

この神と人との関係についても、コスモロジーに関して述べたのと同じように、ユングの書き方はずいぶんと揺れている。最初にユングはあくまで心理学者として神のイメージを扱うのであり、神学上の教義や形而上学的な議論にかかわるのではないことを強調している。しかしながら神が時には「わたしの神」として扱われ、時には「神」として扱われることになる。「わたしの神」のニュアンスが強いと、神について述べていても、それは個人の抱くイメージであり、個人のこころの中の出来事に過ぎなくなる。集合的無意識などという概念装置を持っていても、ユング心理学も自我心理学的なものに過ぎなくなってしまい、それはしょせん個人の主観的イメージなのである。それに対して「神」というニュアンスが表に出てくると、神について客観的に述べているようになってしまって、形而上学的な議論をしているようになってしまう。そしてこの場合には神と自分の関係は明らかでなくなってしまうのである。後で述べるように、ユング自身の体験において、この問題は解決されているところもあるけれども、それを理論的に解消することはできていないように思われる。

第九章　錬金術と新しい心理学

1　錬金術と分析心理学

物質の変容と心理学

ユングは錬金術を自分の心理学の歴史的な先駆者とみなしていくようになる。最初ユングはグノーシス主義に可能性を求めたけれども、グノーシス主義の場合には当時は資料があまりにも限られていて、しかも直接の資料ではなくてそれに反対する教父たちのことばから逆に浮き彫りにしていく必要があった。さらには紀元二、三世紀に遡る必要のあるグノーシス主義は、そこで途絶えてしまっているとするならば、現代からはあまりにも時代的に遠ざかっているのが問題なようにユングには思われたのである。

『自伝』によれば錬金術を研究しはじめるまえにユングは、一つ重要な夢を見ている。一つの夢では、自分の家のそばに建て増しのようにもう一軒家が建っていて、そこでユングは十六、七世紀のすばらしい蔵書を見つける。もう一つの夢では、北イタリアの領主の館のようなところに閉じこめられてしまうもので、夢の中でユングと一緒にいた農夫が「ああ十七世紀に閉じこめられた」と言うのである。この後にユングは十七世紀に栄えた錬金術の文献を次々に読んでいくことになり、それはグノーシス主義に比べればはるかに現代に近い時代のものであると言えよう。また夢での建て増しの家というイメージが、もともとある家に何かをさらに付け加えることを示していると考えることができるように、ユングのパーソナリティーのみならず、ユング心理学の理論をいっそう豊かにしてくれたのである。ユングの錬金術研究をめぐっての評価は分かれているとはいえ、全集の十二、十三、十四巻のⅠ、Ⅱ、それに十六巻の大部分が錬金術を扱っているので、後期のユングの仕事は、ほとんど錬金術に費やされているとしても過言ではないくらいである。

さて通常において、錬金術は卑金属から貴金属を作り出そうとして様々な怪しげな実験を行っていた化学の前身とみなされている。しかしユングは錬金術の産み出した客観的な物質ではなくて、むしろ錬金術の作業における心理学的な過程に注目するのである。貴金属を精製するために物質を作り出したり、変容させたりが問題になっているようで、実はその際の心理学的な過程が物の変容に投影されているだけなのである。ユングは物質の変容の過程に自分の心理学における個性化の過程を重ね合わせて見た。特に『心理学と錬金術』においては、錬金術を物質の変容に投影された心理学として読み解こうという姿勢が随所に見られる。

錬金術において実は心理学的なものが重要であるのは、様々なことから見て取ることができる。ユングが指摘しているように、錬金術の作業はそれにかかわる錬金術師の変容と並行して進み(『心理学と錬金術』GW12, §366)、物質に生じることは錬金術師自身にも起こると言われている(同書 GW12, §375)。実験をする人は単なる手段だけではなくて、作業の原因であり、出発点なのである。だから実験をする人の心的‐精神的な状態と態度が重要になってくる(同書 GW12, §382)。錬金術はキリスト教の世界観に対抗して生じてきて、それが科学の見方につながったと通常みなされているけれども、このような記述からすると、錬金術は自然科学と全く異なるパラダイムを持っていることがわかる。科学においては、同じ方法で実験すれば、誰でも同じ結果が出る再現可能性と客観性が前提にされている。つまり対象は純粋に客観的なものなので、そこに主観的要因の入り込む余地は存在しないのである。それに対して錬金術では、作業に主体が関与しており、それどころか客観的な変容よりもむしろ主体の変容を目的としているニュアンスさえ認められるのである。だから錬金術において目指されているのは実際の、客観的な物の変容ではない。

最初の状態としてのプリマ・マテリアが自分の尻尾を噛むウロボロスであったり、変容によって多くの子どもが生まれてきたり、最後に両性具有のヘルマフロディテが登場したりなどという興味深い錬金術の図版が多く残されていて、ユングの著作にもふんだんに掲載されているけれども、それらは「実際の」レトルトの中の物質がそうなったのではなくて、言うならば錬金術師が見たヴィジョンなのである。錬金術においては瞑想がよく行われ、錬金術師のイマジネーションや夢が重要な役割を演じるのも、これらのことから当然のこととして推察される。錬金術とは、ユング心理学の用語で言えば、物質に半ば投影された形での能動的想像のテクニックなのである。

錬金術と心理学の循環

「暗いものをより暗いもので、知られざるものをより知られざるもので」(obscurum per obscurius, ignotum per ignotius)という錬金術のモットーがあるように、錬金術の書き方は、非常に不明瞭で、荒唐無稽な印象すら与える。類似のイメージが際限なく積み重ねられていくのである。たとえば最初のプリマ・マテリアについても、水銀、鉄、金、鉛、塩、硫黄、酢、空気、水、火、大地、母親、海、竜、カオス、などの様々なものや、イメージとしても自分の子どもを呑み込むサトゥルヌス、哲学者の子どもを養う大地などがあげられている。これらの中には互いに矛盾するものすらあるくらいである。

ユングによれば、錬金術の方法論を心理学的に見れば、限りない拡充(Amplifikation)であることになる。つまり暗く訳のわからない体験が暗示しているものを、心理学的なコンテクストによって増幅し、広げていくのである(『心理学と錬金術』GW12, §403)。これはまさにユングが夢などのイメージを捉えるために提唱した拡充と同じである。夢分析においても、夢のイメージに対して、本人の個人的な連想だけではなくて、神話、物語、宗教象徴などから類似したイメージを並べることによって、わからないイメージの意味が浮かび上がってくるのである。その意味で様々な形で表現されている錬金術のイメージは、全てが同じことを語っているともみなすことができるのである。

『心理学と錬金術』は、夢分析の事例について錬金術のイメージと象徴から光を当てたものと、錬金術の作業そのものを心理学的に解釈したものの二つの部分から成り立っているけれども、前半部分の夢分析についての記述は、錬金術におけるイメージを使って夢イメージを拡充している印象が強い。たとえば、特にマンダラを扱っている夢シリーズの十三番目の夢では、海に宝があって、狭いところから潜っていかねばならない。夢を見ている人は暗闇へのダイビングを敢行し、そこで中央に噴水のある泉がある整った庭を発見する。この夢に対して、錬金術における泉、庭、水や火のイメージから、夢イメージをふくらまして解釈していこうという試みがなされるのである。

夢イメージを錬金術によって拡充し、逆に今度は錬金術を心理学によって解釈するというのは、暗いものをより暗いものでという方法論に他ならないし、また互いに循環している。つまりどちらから見るにしろ定点があるのではなく、一方が方法で他方が対象であったり、一方が主観で他方が客観というわけではない。錬金術を分析心理学によって解釈するというものでもなければ、逆に錬金術によって分析心理学を基礎づけるというわけでもないのである。錬金術が心理学にとってのモデルになってしまっては、ユングの本当の精神は生きてこないと思われる。むしろ錬金術自体が心理学なのである。

錬金術において特に物質が重要になる。ユングはそこにキリスト教の精神的なものを強調する傾向を補償する働きを見ていた。キリスト教では神による人間の救済が問題になるのに対して、錬金術では物質に沈んで閉じこめられている精神の救済が課題になる。メルクリウスも物質に閉じこめられている精神なのである。人間ではなくて物質の救済が問題になるからこそ、錬金術師は錬金術におけるプリマ・マテリアやラピス(錬金術における石)を自分と同一視したり、自分と神を同一視したりしなくて、むしろラピスとキリストを関係づけた。ユングはこれを、自我と神を同一視するのではなくて、自己を問題にする姿勢として解釈するのである。だから、結合も自分自身のこととか、自分自身が結合に参加することとして受け取ってはいけないことになろう。これはエピローグでの現代に関連づけてユングが歴史的考察を行っているところで裏付けられている。レトルトにおけるソル(太陽)とルナ(月)の結合が、『ファウスト』第二部のパリス‐ヘレナの情景では自分の内的な女性像との結合のニュアンスになっていることをユングは指摘している。つまりファウストの姿を借りた近代人が、パリスにとって代わって、ヘレナを得ようとする。そうすると、結合の人間化や、人間が神の次元に達しようとするヒュブリス(高ぶり、傲慢)が生じてくるのである。しかし『結合の神秘』や『転移の心理学』などには、神と人間の次元の関係について、違うニュアンスも見られる。

ニグレド＝古い秩序の破壊

個性化の過程というのが、ある一つの変容の過程として理解できることがあるように、ユングにおいて、錬金術がプロセス的に捉えられている側面もある。錬金術はその過程を、黒(nigredo)、白(albedo)、黄(citrinitas)、赤(rubedo)という四つの段階として示している。後に黄色の段階がなくなって、三つの過程になるのである。黒は最初のカオスの状態である。結合から死にいたって、腐敗や分離がもたらされることによってカオスが生じることもある。これが錬金術の作業のための材料、プリマ・マテリアである。死から次に白になる。これが銀や月の状態である。そこからさらに太陽が昇る赤になる。赤が太陽の昇ることと関係づけられていることからわかるように、これは英雄神話における英雄の死と再生や、密儀における死と再生に重ね合わされている。

『転移の心理学』において、ユングはこのプロセスを心理療法に重ね合わせている。最初の黒化(ニグレド)は、心理療法のはじまりにおいて、治療者に症状がうつったりなどとして、いわば心的な感染状態や、治療者とクライエントとの間に無意識的同一化が生じることである。錬金術におけるニグレドが元々存在するカオスではなくて、作業によって作られた状態であるように、心理療法におけるニグレドも、治療的な話し合いなどの作業を前提としていることをユングは強調している。治療の最初において、これまでの秩序がこわされることによって、様々な対立や区別が曖昧になって、混乱状態が生まれることが多いけれども、これもニグレド、あるいは最初の massa confusa（混乱した塊）の特徴なのである。『転移の心理学』の導入部分において、ほとんどの紙数がニグレドのために割かれていることは印象的である。

白化（albedo）は、『転移の心理学』では浄化（Reinigung）であって、死んで一体となっているヘルマフロディテに天から露が落ちてくる図で表されている。ユングは混じり合ったものを区別することとして浄化を説明している。この場合にも心理学的に一度融合したものを心理学的に区別することが大切なのである。

2　錬金術とシャーマニズム——主体の弁証法

ゾシモスのヴィジョン

錬金術を一つの象徴体系のように見れば、錬金術は心理学にとって外に存在する一つのモデルに過ぎなくなり、それは夢などのイメージを解釈する際の一つの参照枠のようなものにとどまってしまうであろう。心理学が自分を客観化するための他者を必要とすると述べていたりする点で、ユングにそのような傾向もないわけではない。しかし錬金術師の心理学的体験が重視されているように、錬金術を密儀として捉えることによって、錬金術は客観的な対象やモデル以上のものになってくると思われる。ユングも錬金術を、キリスト教と対照させつつ、オシリス、オルフェウス、ディオニュッソスなどの密儀との関係で見ている。ユングに影響を受けてヨーロッパ世界に限らず広く錬金術を研究したエリアーデによると、錬金術とは古代神話に基づいた宗教儀礼なのである。

さてユングは、シャーマニズムが太古段階での錬金術的な個性化の過程を先取りしていると述べている(『ミサにおける転換象徴』)。そこでシャーマニズムから錬金術にアプローチしてみることにする。その際の一つの手がかりになるのは、ユングが何度も取り上げて書いているパノポリスのゾシモスのヴィジョンである。ゾシモスは紀元三世紀にエジプトに住んでいて、歴史上確認できる最古の錬金術師とされている。ゾシモスのヴィジョンは、何回かの繰り返しからなっている。ユングによれば、これはあるヴィジョン、体験を何とか説明しようと苦闘したことの表れであって、まさにある体験に基づいていることを示しているという。錬金術にはアレゴリー的なものもよく見受けられるが、これは全くそうでないという。その意味でも、ゾシモスのヴィジョンを取り上げることは、錬金術がある説明モデルや参照枠にとどまらないためにもかなっていると思われる。

ゾシモスの最初のヴィジョンだけを取り上げると、そこでは、聖殿の司祭が、毎朝、急ぎ足である者がやってきて、自分を剣で突き刺し、八つ裂きにし、頭の皮を剝がし、骨と皮をつなぎ合わせ、それらを火の上で焼き、最後には自分が霊になるのがわかったと言う。この司祭は自分の歯で自分の肉をずたずたに裂き、自分自身の中に崩れていった。

このヴィジョンで司祭は八つ裂きにされているが、シャーマニズムにおいて、イニシエーションを受ける者は横たえられ、頭は切り離されて上の方に置かれ、自分の身体が動物霊や祖霊によってバラバラに解体されるのを見ていないといけない。このときの頭は身体的なものに対する知的なものとして心身二元論から理解されてはならず、ユングのファルスの夢に関連して述べたように、身体から区別された魂の座であり、あの世、死、神話的世界に属していると考えられるのである。ゾシモスのヴィジョンにおいても、頭皮ということで頭が強調されており、ユングはこの連関で頭を切り落とされたオシリスやオルフェウスに言及しており、頭を魂や無意識に関係づけている。だからイニシエーションにおいては、この世の自分が解体されていくのを、あの世の視点から、無意識の視点から見ることになる。ハイデガーの『存在と時間』における「死への存在」(Sein zum Tode)もそのようなニュアンスを含んでしまっているように、近代人にとっての死が、しばしば死を前にした恐怖や不安になり、あくまでこの世の視点から離れられないのに対して、シャーマニズムのイニシエーションとは死を既に後にすることであり、死の側からこの世や身体を見ることなのである。

ゾシモスのヴィジョンだけではなくて、頭を切り離すことや肉体を離れた魂のイメージは錬金術によく登場する。たとえば『結合の神秘II』でムーア人の頭が切り落とされるイメージについて、ユングは「自然の束縛からの魂の解放」として捉えている(GW14/II, §387)。また、『転移の心理学』で扱われた「賢者の薔薇園」の第七図において、結合して死んだ二人を後にして、魂は天上に昇っていく。これに関連して、ユングは自分の患者たちから、横になっているときに魂が自分の体を抜け出した報告を受けたことに触れているのである。そして浄化を経て、魂は第九図で身体に帰還してくる。これについてユングが「身体が人格に制限を与える」(『転移の心理学』GW16, §503)と述べているのは興味深い。人間や身体を超えた世界が問題になるだけに、身体の存在の重要さにユングは気づいていたのであろう。

シャーマンのイニシエーションは、動物を生け贄に捧げたことと表裏一体であるのに注意を要する。つまり動物を生け贄に捧げることは、生け贄を捧げる者が自ら犠牲に捧げられることでもある。だからこそシャーマンは動物霊によって解体されるのである。解体するものとされるものとの間には同一性が認められるのである。これはミサに関して、犠牲を捧げる者は犠牲に捧げられるものでもあることを確かめたのと同じ事態なのである。ゾシモスのヴィジョンでは、祭司が自分の歯で自分の肉をずたずたに裂くところに表れている。これはまさに、自分のしっぽをかむウロボロスと同じである。このように主体の弁証法的関係があってこそ、主体というものは成立するのである。

私は彼の夢の内容なのか

錬金術において化学の用語であるが、溶解と解体がよく使われる。これは物質に対する言語を使っていながら、シャーマニズム的な解体を示していると思われる。さらには錬金術において、そもそも動物のイメージが極めて豊かであるのが注目に値する。鹿、狼、蛇、鳩、ライオンをはじめとして、一角獣や竜などの空想上の動物も登場する。そして竜や獅子が殺され、解体されるイメージも出てくる。プリマ・マテリアとしての自分の尻尾をくわえているウロボロスなどは、まさに自分が主観でも客観でもあるという主体の弁証法を示しているのに他ならないのである。プリマ・マテリアがレトルトの中で溶解、解体されていく様を見ている錬金術師は、まさにシャーマンのバラバラにされる身体とそれを見守る頭の弁証法を演じているとも言えよう。

ユングの様々な体験も、錬金術のもととなっているシャーマニズムから捉え直すことができよう。幼い頃に見たファルスの夢では、ファルスが光ってユングの方を見ていて、それが人喰いと名づけられたが、光っていて目を持つファルスこそ無意識の側、魂の側から見ている主体で、それがユングを食べようとしているのは解体の体験に近いと思われる。しかしここでは、ファルスが一方的に主体となっていて、ミサにおける食う食われる、シャーマニズムにおける人間と動物、あるいは頭と身体との間の弁証法は生じていないように思われる。次章で述べる大病をした後で、ユングは自分がヨガ行者になっている夢を見る。ユングがある礼拝堂にはいると、そこに一人のヨガ行者が結跏趺坐《けっかふざ》して瞑想にふけっている。よく見ると、ヨガ行者はユングの顔をしていることがわかる。ユングは衝撃とともに目を覚まし、目覚めながら、「ああ、彼がわたしについて黙想している人間だ。彼は夢をみ、わたしは彼の夢なのだ」と思い、彼が目覚めると自分はこの世に存在しなくなるのだとわかる。この夢においても、主体の転倒のニュアンスが強い。つまり夢を見ていると思っていたカール・グスタフ・ユングという主体は、実はヨガ行者の瞑想の内容なのであり、イメージの方が主体になって、ユングは対象になってしまっている。この側面を強調すると、今度は主体となったイメージの方を実体化して、それが絶対の定点であり、基盤のようになってしまう。しかしそのヨガ行者をユングは夢見ている点にも注目する必要がある。つまり何も究極の定点として実体化できないし、また主体は弁証法的関係なしには成立しないのである。

3　結合と死

神の次元と人間の次元

前章で確かめたように、ユングにおいてアニマは意外なほど、無意識への仲保者《ちゅうほしゃ》の役割に徹している。『心理学と錬金術』では、結合を自分や自我とは関係のないものとして、いわば神々の間の聖なる結合として扱っているニュアンスが強い。つまりそれはあくまでもレトルトの中での、物質どうしの結合であり、そこに実験者としての人間は関係してこない。ましてや人間どうしの関係は入ってこない。

しかしゾシモスが錬金術の起源を、人の娘と交わった神の子たちに求めているように、錬金術において必然的に神との関係に人が入ってくる。するとさらには人間と人間の関係が入ってくることになる。錬金術ではそれは錬金術師と soror mystica(神秘的妹)との関係であり、心理療法で言うならば転移の問題となろう。投影されたり、向かい合う相手がいないことに結合はありえないとさえユングは繰り返し書いているくらいである。結合するのが神々の間の出来事であったり、あるいは神と修行者の間であれば、結合は客観的に対象化されたものになってしまう。結合する神々は眺められるだけのイメージになるし、自分が結合すべき神もある客観的な目標になる。しかし心理療法においては、投影などによって、神々の次元と人間の次元の混同と相互作用が生じるところがおもしろいのである。だからこそ黒のニグレドの段階は massa confusa（混乱した塊）とも呼ばれるのである。

そのような神の次元を含めたような結合について、ラカンは否定するであろう。絶対の対象のようなものは存在しないし、それは幻想にすぎない。「性的関係は存在しない」というラカンの有名なフレーズにもそれが現れている。それに対して、ユングの場合には絶対的な結合は存在し、だからこそ聖なる結婚や結合の神秘ということが問題になるのである。

死をくぐった結合

しかしながら結合が存在するといっても、それは素朴な意味で言われているのではない。

ユングが、近親相姦の傾向は社会的なものに向けられるべきではなくて、人格の中の要素の統合に向けられるべきだとしているのも、結合が象徴的に考えられていることを示している。さらに、錬金術の図版における結合で、聖霊を表す鳩が王と女王の結合を媒介していることからユングが述べているように、これは精神における出来事であり、象徴的な出来事なのである。錬金術の結合にはたいてい太陽と月、羽の生えている鳥と生えていない鳥、男女を包む泉などの象徴が登場する。これは結合が象徴であることを示しているに他ならないのである。しかし「賢者の薔薇園」の第五図のバリエーションのように、様々な象徴が消えて、男女の結合のみが描かれているものもある。これに対して、ユングが「パートナー自身が象徴となった」と述べているのは興味深い。

さらには錬金術に見られるように、結合は死につながっている。たとえば『転移の心理学』で取り上げられた「賢者の薔薇園」で性的な結合がなされた後で、第六図で死がおとずれる。これには二つの方向が認められる。一つは、死が究極の結合と考えられることである。ユングは意識が完全に無意識に融合してしまうことを死にたとえているけれども、死とは完全な結合に他ならない。死に至る完全な結合があるからこそ、魂が再生してくるような絶対的な反転が生じるのである。もう一つは、近親相姦による結合に罰としての死が与えられ、それを経ることによってもう一度結合があるように、結合とは単純な肯定ではなくて、死をくぐったもの、否定をくぐったものなのである。死や否定の入り方を、必ずしも物語の経過の中での継時的なものとしてみなす必要はない。少し単純な例であるが、ユングが心理療法関係において、交叉いとこ婚をモデルにして意識が直接に関係し合うのではなくて、それぞれ相手のアニマ、相手のアニムスと関係を持つと述べたのも、否定の入った結合の一つなのである。

男女の結合？

結合というのは、男女の間の、しかも性愛的なものに限られないはずである。ユングが『転移の心理学』において、錬金術の最初の黒化（ニグレド）を、クライエントの症状の感染や、無意識的な同一化に重ね合わせて理解していることはすでに指摘した。統合失調症や自閉的な子どもなどの重いクライエントを治療する場合に、一種の無意識的な一体化というものは避けて通れない。その意味では結合を男女の結合の意味に捉える必要も、性愛的な意味に限定する必要もないはずである。しかしながらユングは男女の結合のモデルにこだわっているところがある。『転移の心理学』（GW16, §357 n. 13）においても、男女の結合のイメージを扱う際に、脚注で同性愛の図版も錬金術では存在することを指摘すると同時に、男性同士の場合には子どもが生まれないとして、その結合の不毛性を示唆している。

しかしシュピーゲルマンなどが示唆しているように、他のテキストを読めばユングは結合を広く捉えていたことがわかるので、結合を男女のものに限定する必要はないであろう。たとえば「個性化の過程の経験」というエラノス会議での講演をもとにした論文においては、女性のクライエントの描いた絵について、二人の女性の友人を運命の共同体として認めていて、いわば女性同士の魂の関係、結合の可能性を認めているのである。また錬金術によく見られる老人と少年のペアにも、魂の関係と同一性が認められるといえよう。

4 ユングの実体化

ユングは錬金術が物質面を取り上げていることを重視した。それがキリスト教における精神への偏りを是正しているし、また物質に閉じこめられている精神の解放というイメージにつながると解釈したのである。その代表が物質に閉じこめられているメルクリウスである。『転移の心理学』を読んでも、結合というのが、精神と身体との間の結合として捉えられていることが多い。

しかしすでに指摘したように、錬金術における物質は文字どおりの物質として理解できるものなのであろうか。ユングは錬金術における性的イメージに関しては、それは文字どおりの性的イメージでないことを見抜いている。たとえば、ユングが『転移の心理学』で扱った「賢者の薔薇園」においては、男女の性的結合が描かれているけれども、これも文字どおりに取るならば、キリスト教文化において抑圧されていた性的な面を補償しているということになるはずである。そうではなくて、ユングはこれを対立するものの結合や、心理学的な融合状態として扱っている。ところが物質に対しては、文字どおりの物質性として受け取っている。それでは錬金術を真に心理学的に見通し、理解したことにならないのではなかろうか。

　錬金術において、鉄、硫黄、塩など、様々な物質が問題になり、特に黄金は錬金術の目標とさえなっている。それらはどのように解釈されればよいのであろうか。たとえば様々な神話や昔話において追い求められたり、与えられたりするのは金の指輪や金のガチョウであって、金という物質ではない。金は多くの場合において、何か具体的な形になっている。黄金のりんごを食べに来た黄金の鳥を追い求めている場合には、その鳥が大切であって、それが金貨に変わっては価値がない。つまり金などの物質とは、すでにそれぞれの物を抽象化していることなのである。だから錬金術において問題になる物質を文字どおりにとってはいけない。物質として登場するということは、神話的存在、イメージがすでに抽象化されていることであり、また抽象化された次元で心理学的なことを問題にしていることなのである。それを物質を文字どおりに受け取ることは、まさに錬金術の行っている抽象化の作業を無視してしまうことになる。

　同じようにユングが実体化しているものに、魂がある。錬金術においても、精神と身体を結びつけることによって、第三のものとしての subtle body や魂が生じてくるように書かれているニュアンスがある。しかし結合というものが死につながり、否定を含んでいたように、結合によって魂という実体が生じるとみなしているのは不十分ではなかろうか。錬金術における黄金が存在しない黄金であったように、第三の魂というのも、存在しない魂なのである。この精神と身体の間にある魂ということでユングは実は何を捉えていたのかは、見通す必要があろう。

第三のものとしての魂と同じ問題は、『結合の神秘』で展開された「一なる世界」(unus mundus)、特にプシコイド(類心領域、psychoid)という考え方にも認められる。精神と魂の結合である「心的結合」(unio mentalis)と、それと身体との結合を経て、全体的な人間は世界との結合を遂げるとユングは錬金術に基づいて考えていた。これは第七章の最後に述べた個人の心理療法での問題が時代の問題にどうつながるのかという疑問、あるいはもっと卑近なこととしては個人の内面で生じたことがどのように外の「現実」につながるかということでもあるので、非常に重要であると思われる。『結合の神秘』によって自分の心理学が現実の中にその場を得たとさえユングが述べているのも、この「一なる世界」の思想の持つ意味が大きいのである。だからこの思想には、本書のライト・モチーフとしてきた現実性についてのユングなりの答えが見られるとさえ言えるかもしれないのである。しかしながら「一なる世界」は心的な世界と物理的な世界に対して「超越的で心理－物理的な背景」とみなされていたり(『結合の神秘Ⅱ』GW14/II, §424)、形而上学的な判断を下さないためという理由で心的な無意識と区別した「プシコイド(類心的)無意識」が提唱されたりするのは(同書 CW14/II, §443)、余計な実体化ではなかろうか。これでは新たな実体を増やしていくだけで、本当の現実性には届かないように思われるのである。

その意味で、ユングにも魂を実体化していかない方向があるのを読みとるのは大切であろう。『転移の心理学』において、魂は精神と身体をつなぐものと書かれているが、まさにその関係であるともされている。同じように、魂は「私」と「あなた」の間の関係であり、関係性の機能なのである。「関係を持たない人間は全体性を持っていない」(『転移の心理学』GW16, §454)とさえユングは述べている。それを現実の他者や、いわゆるアニマのイメージを魂であるとみなすのは、実体化していることになろう。結合してできる新しい人格が、意識と無意識の間の第三のものではないという表現にも(§474)、実体化を否定していく方向が見られる。

5　神話から心理学へ

西洋文化を超えた可能性

ユングは患者のもたらす夢やイメージに錬金術に類似するものがよくあったと述べている。そして『心理学と錬金術』の前半部分では、実際の心理療法で見られた夢を、錬金術のイメージに参照させることによって解釈している。そうすると錬金術は元型的モチーフの宝庫ということになろう。

確かに錬金術はその象徴的な内容からしてもおもしろい。自分の尻尾を咬む竜など、イメージとしてもユング心理学に寄与した面も多々ある。しかしそこでの興味深いイメージを個別に扱っていても錬金術の理解としては不十分ではなかろうか。それでは本当の現実性につながらないと思われる。大切なのは、物質ということが抽象化の作業であったことを指摘したように、そこでの論理のレベルを捉えることではなかろうか。そうすることによって、狭い意味での西洋の文化史を超えた可能性を錬金術が示唆するようになる。それは西洋以外の文化圏からユングの錬金術研究を捉える場合にも重要であると思われる。

これへの手がかりは、ユングが錬金術との出会いと、それへのアプローチの仕方を『自伝』で記述しているところである。最初ユングは、錬金術に登場するイメージの象徴性に魅せられていた。しかしそのうちに錬金術の述べているのはナンセンスではないかという気になってくる。それでもユングは、錬金術の様々な概念がどのようなコンテクストで使われているのかを調べてカードを作っていく。そうしているうちに、それぞれの概念の意味するところが浮かび上がってきたのである。すでにフロイトとの比較で指摘したように、ユングは視覚的な人であるし、イメージの直接的なインパクトに強い。しかし錬金術は、イメージそのままの持つ象徴性やインパクトでは捉えきれなかったことがわかる。むしろそれぞれの象徴をイメージではなくて、ことばとして、概念として捉えることによってはじめて、意味が明らかになってきたのである。錬金術はイメージの宝庫というよりは、むしろ概念の連鎖、シニフィアンの連鎖と言った方が近いのである。錬金術師は、「一つの本は他の本を開く」とさえ言っている。

錬金術は神話ではなくて、すでに抽象化され概念化されている。たとえばヘルメスにあたるメルクリウスは、様々な象徴性を持った神話の像ではなく、様々な物語を持つ神話的イメージでもない。まだ神話的なニュアンスは残っていても、すでにメルクリウスという抽象化された概念なのである。それは物語にならないくらい断片化しているとも言えるし、概念として抽象化されているとも言える。またたとえばギリシア神話に見られるように、様々な神話があって、様々な神々がいて、そのそれぞれが固有の真理を持っているのではなくて、錬金術ではそれが一つのオプス(作業、錬金術の作業全体のこと)を形成している。つまり様々な形はあっても、それが目指すのは一つの真理なのである。これは芸術において様々なイメージや作品があり、それぞれが真理を持っているというあり方ではなくて、一つの真理を目指す科学とむしろ共通しているのである。

ユングが「集合的無意識」という概念を用い、「私のアニマ」ではなくて「アニマ」(die Anima)に関わるのだと述べていることは、ユング心理学も一つの真理を問題にし、単なる芸術作品におわらない論理レベルを志向していることを示していると思われる。

主体の新たな段階

さらには神話では、われわれはその中に包まれている。全ては神々の出来事であり、われわれの主体から独立して生じており、われわれはそれに包まれている。ユングが精神的危機に陥ったときに、「自分がその中で生きている神話」を問うた姿勢にもそれは表れている。しかし錬金術では、われわれはその中に含まれていず、錬金術師は出来事の外から、レトルトの外からその中を見ている。レトルトの中身は客観であり、同時に主観の産み出した産物である。だからこそそこには人間主体の関与が認められるのである。これは錬金術で新しいことのようであるけれども、実はシャーマニズムの場合においても認められる。つまりシャーマニズムにおいても、イニシエーションを受ける人の頭は切り離されて、上の方から自分の身体の解体されるのを見守っており、その意味では出来事を外から見ている。ただしシャーマニズムにおいては、見る者と見られる者、頭と身体は同一の人物であったのに対して、錬金術においては、別々のものになってしまっているのである。このように主観と客観が切り離されてしまうことによって、主体の弁証法は新たな段階に至るのである。

錬金術がただ一つのオプスであるのに対応して、鉄、塩、硫黄など多くの素材が用いられるのにもかかわらず、どの材料を用いても、同じことが述べられ、目指されている。たとえばメルクリウスは蛇のことであり、またソル(太陽)はメルクリウスのことである。

それに、男性と女性に対応するソルとルナ(月)の対立と結合というおおざっぱな枠組みで錬金術を捉えていると、たとえば黒い太陽(sol niger)のようにソルの中での対立し矛盾するものが出てきて、ルナでも同じような対立が認められる。だからソルとルナのように違う名前の概念が別々と考えてしまうと間違ってしまうし、同じ名前のものが常に同じだと思っても間違ってしまう。これはユングにおける概念とも共通していると思われる。自我、影、アニマなどを別々のものと思ってしまい、影とアニマは無意識の中の一部であると思っていると、影は無意識の全体であるとか、アニマこそ無意識そのものとかいう表現が出てきて混乱する。それどころかノイマンが『グレート・マザー』において試みたように、ある概念だけで全てのものを表すことができる。グレート・マザーにも知恵のソフィアのようなイメージがあって、必ずしも精神的な男性のイメージを必要としないのである。これは錬金術の概念に非常に類似しており、そもそも定義され、実体化された概念でないことを示していると思われる。

だからこそ、錬金術についてユングがいわゆる「心理学的」なコメントをしている場合には、ユング心理学の概念の当てはめのようになっていて失望させられることが時々あるのに対して、錬金術の概念の動きを純粋にたどっているときにこそ、むしろ自分の心理学に近づいているように思われるのである。ユングの分析治療においては、錬金術のイメージや概念にかかわったのと同じような姿勢が見られたのではないかと推察され、まさに錬金術の論理と概念から、新しい心理学を作る仕事をユングははじめていたとも言えよう。これを引き継いでいくことがわれわれの課題であろう。

第十章　ユングと死

1　ユングと死の関わり

死後の世界

「死は心的に誕生と同じくらい重要で、誕生と同様に人生を統合する構成要素である」(「『黄金の華の秘密』への註解」GW13, §68)とユングは述べている。人生の後半を重視する心理学を提唱したユングにとって、死は常に中心的なテーマであったと言える。この引用に続いてユングは「死は心理学的に正しく見るのならば、終わりではなくて目標であり、それ故に正午の高みを過ぎるやいなや死への人生がはじまる」と述べているのである。

『自伝』をひもといて見ても、死についての非常に興味深い記述が多い。「死後の生命」という章がわざわざ設けられているくらいである。そこでユングが述べているのによると、来世とか死後の世界とかはユングがその中に生きたイメージやユングの心を打った考えの記憶から成り立っていて、それはある意味ではユングの著作の底流を為しているのである。ユングにとっては、死や死後の世界というのは、真に実感を伴ったものであって、現実性を持ったものであった。

「死後の生命」の章でもユングは、mythologein、つまり物語を語ること以上のことはできないと述べている。これは神の問題にしろ、存在の問題にしろ常にそれの心理学的イメージしか対象にせず、それを物語るという形で拡充していくというユングのスタイルである。従って死についての記述も物語やイメージから成り立っているのである。

この章に書かれているのではないが、父親が亡くなって六週間ぐらいたって、ユングは不意に父が休暇から戻ってきた夢を見た。ユングは父が死んだと思っていたので恥ずかしく思う。三日後にもユングはその夢を繰り返してみた。そのことからユングは死後の生命について初めて考えたという。多くの神話的世界観と同じように、ユングは死者の世界や死後の生命を実感していたようである。しかもそれは、生きているものが死後の生活をいろいろと思い描き、知りたがるだけではなくて、双方向的なものとして捉えている。つまり死者もこの世のことを知りたがるのである。

「死後の生命」の章でユングは、自分の生徒であった六十歳の婦人が、死亡する二カ月前に見た夢にふれている。その夢で彼女はあの世に入った。何かの学級が開かれているようで、彼女の死んだ友人たちは前列に坐っていた。皆の期待感が高まっていて、彼女は講師として、存命中のすべての経験について述べなければならなかった。死者たちは、新しい死者がもたらす生活体験に非常な興味を示したという。ユングはこれに似た例をいくつか挙げている。

『死者への七つの語らい』で登場した死者たちもユングに問いを投げかけて、ユングの教えを請うた。祖霊などからもわかるように、死者は偉大な知識の所有者であると伝統的に考えられているけれども、死者は自分が死んだときに知っていたことしか知っていない。だから死者には死んだ後で「現実に」起こったことを教える必要があるとユングは考えるのである。

死の彼岸とは意識の彼岸のことである(『自我と無意識の関係』GW7, §302)とユングは指摘している。死者について当てはまることは無意識に関しても当てはまるのである。意識と無意識の関係についても、通例よくあるように、意識化したり、意識が無意識の知恵を求めるという一方的なものでない。精神的危機の時代にフィレモンとエリヤの像とユングは熱心にイメージでの対話を行った。そして二年後に二人の像が再び現れたときに、ユング自身は二年間に大きな変化をしていたのに、無意識の像は全く変化していなくて、全く昔と同じように話し、ふるまったのである。これは、ユングが無意識の意識に対する補償作用ということを強調することからすると、驚くべきことである。つまり補償という理論からすると、無意識の像はユングの意識の変化に伴って変化しているはずなのである。無意識には、補償作用で捉えきれない領域があることが示唆されていることになる。またここでの記述は死者や死そのものについて述べているのではなくて、それは無意識から生じたイメージとの関係に過ぎないという疑いは常に残るのである。

母の死のパラドックス

印象的なのは、ユングが母親を亡くしたときの一連の体験で、それは非常に死について示唆するところが多い。母親が亡くなる前夜にユングは恐ろしい夢を見た。薄暗い森の中にいて、突然全世界に鳴り響くような鋭い笛の音を聞いた。ユングの膝はふるえ、おののいた。すると一匹の巨大な狼猟犬が恐ろしい口をあけて進んできた。ユングの血はこごえ、その犬はユングとすれちがって突っ走っていった。そしてユングには、あの恐ろしい猟人であるヴォータンが人間の魂をとってくるように猟犬に命令を下したことがわかったのである。ユングは恐怖のうちに目覚め、その翌朝に母親の死の知らせを受け取ったのである。ユングは、高ドイツの祖先の神であるヴォータンが母を捕らえ、母の先祖たちのなかに加えようとしたのだと考えている。ヴォータンはキリスト教によって悪魔に仕立て上げられたけれども、本来は重要な神で、ギリシャ神話でいうとヘルメスにあたり、自然の霊である。だからこの夢はユングの母親の魂がキリスト教の道徳を超えたところにあるより偉大な領域に、自然と精神との全体性に迎えられたことを物語っているとユングは解している。

知らせを聞いてユングは夜行列車ですぐに帰宅したが、一方では深く悲しみに沈みつつ、心の底では悲しむことができず、喜びを感じていた。というのは汽車に乗っている間中、まるで結婚式でも行われているようなダンス音楽や、笑いや、陽気な話し声を聞き続けていたからである。ユングはこのパラドックスを、死ということがあるときは自我の視点から見られ、あるときは心全体から見られたためだと解している。自我の観点からすると死は破局である。「死とはおそろしい残忍性である」として、死がいかに残忍であるかを言葉を尽くして強調している。ラディカルな思想を述べるときに、必ずといっていいほど、普通の感情や感覚もふまえていることは興味深い。しかし他の観点からすると死は聖なる結婚であり、喜ばしいことなのである。だからユングは結婚式のようなお祭り騒ぎを聞いたのである。実際母親の死の数カ月前に、ユングはそれを予感させる夢を見ている。その夢にユングの父が再び現れ、心理学者としてのユングに結婚の心理について相談したいと言った。これも死によって父と母が結婚し、死が結合であることを示している夢である。死というものを結合として捉えるのもユングの特徴である。

ボーリンゲンの塔

ここでユングが述べていることは神話的な世界観に共通しているけれども、それは単にある文化で伝承されてきた世界観というわけではない。たとえば日本においては先祖は近くの山に戻ると信じられている。それは伝統的にそのような考え方になっているだけで、実際にそれを信じている人でもそれを体験的に知っているわけではなかったり、また時代とともにそれを知らない人も出てくる。それに対してここで述べているユングの死に対する考え方は、ユングが経験的に確かめてきたものなのである。

少し死というテーマからはずれる面もあるかもしれないが、この連関でボーリンゲンの塔のことにもふれておきたい。母を亡くした直後から、ユングはチューリッヒ湖の南端のボーリンゲンに、石で塔を作り始める。『自伝』でユングは、言葉や論文では十分ではないように思われ、何か他のものを必要としたと述べている。ユングは何年もかけて、そのときに必要と感じられた部分を増築していったり、石に像や言葉を刻んだりしたのである。心理療法において絵を描いたり、ときには粘土で何かを造ったりすることがあるが、このボーリンゲンの塔は、まさにその中にユングがいられるような、ユングの内的世界の表現であったと言えよう。またキュスナハトの家と対立して、ボーリンゲンは無意識、原始の世界、さらには死の世界に結びついている場所であったのである。

2　ユングの臨死体験

宇宙空間をただよう

七十歳になる目前の一九四四年のはじめに、ユングは心筋梗塞に続いて足を骨折し危篤状態に陥る。生死の境をさまよったときにユングは様々なヴィジョンを見た。後日付き添っていた看護婦は、ユングが明るい光輝に包まれていたと述べており、ユングも死が近づいたのだと思っていた。ヴィジョンの中でユングが今日の表現では臨死体験をしていると思われるものを、少し省略しつつ紹介したい。

ヴィジョンで、ユングは宇宙の高みに昇っていく。はるか下には青い光の輝く地球が浮かんでいるのが見えて、ユングは自分が地球から遠ざかっているのだということを自覚した。しばらくじっと地球を眺めてからユングは向きをかえて、インド洋を背にして立った。視野の中に、新しいなにかが入ってきた。ほんの少し離れた空間に、隕石のような、真っ黒の石塊が見えた。それはほぼユングの家ほどか、少し大きいぐらいで、宇宙空間にただよっていた。その入り口は小さな控えの間に通じていた。入り口の右手には黒人のヒンドゥー教徒が、石のベンチに忘我の状態で白いガウンを着て静かに座っていた。彼は自分を待っていることがユングにはわかった……ユングが岩の入り口に通じる階段へ近づいたときに、不思議なことが起こった。つまり全てが脱落していくのをユングは感じた。ユングが目標としたもの、思考したもの、地上に存在するものすべてが走馬灯のように自分から消え去り、離脱していった。しかし残ったものもあって、それはユングが経験し、行為したことなどの全てで、ユングはそれらとともにあり、自分がそうした出来事から成り立っているということを感じた。「これこそが私なのだ」とユングは思う。

この過程はきわめて苦痛であり、きわめて貧しい思いもさせられたけれども、同時に非常に満たされた感情をも抱かせた。これ以上の欲するものはなく、ユングは客観的に存在し、生活したものであった、という形で存在した。全ては過ぎ去り、過去のものになったが、逆にユングは自分である全てを所有し、自分はそれら以外の何ものでもなかった。

礼拝堂に近づいたときに、ユングは自分が真にそこの一員であり、全ての人たちと会えるであろうことを確信した。そこに入れば、歴史上の一断片に過ぎなかった自分が、自分の以前に何があって、以後に何が来るかという疑問にも答えられるであろうと思ったという。

そのときに下の方の、ヨーロッパから、ユングの主治医のH博士が、黄金の鎖か、あるいは黄金の月桂冠で作られた原初的な姿で現れ、ユングと無言のうちにお互いの考えをとりかわす。H博士はユングにメッセージを伝えるために地球から派遣されていて、それによるとユングには地球を離れる権利がなく、引き返さねばならないのである。このメッセージを聞いた途端に、ヴィジョンは消えてしまうのである。ユングは非常に落胆した。脱落の苦痛な過程は無駄になり、礼拝堂の中に入って仲間と交わることが許されなかったからである。ユングがもう一度生きようと決心するまでには、三週間あまりかかったと言う。

脱落するものと残るもの

このヴィジョンについて少しコメントしてみたい。ヴィジョンでユングは地球を離れて完全に向こう側から、宇宙の側から地球を見ている。しかし多くの臨死体験で体を抜け出した魂が上の方から自分の姿を見ているのに対して、ユングは地球のはるか上に昇っていって、地球を見ているのが興味深い。個人を越えた無意識や魂を提唱した人にふさわしい臨死体験であると言えよう。

よく臨死体験で言われる光の体験や至福感はここにも認められる。しかしユングには苦痛があるのがおもしろい。様々なことが脱落していくのがいかに苦しかったかを強調しているのである。それが薄っぺらい至福感がやたら強調される臨死体験よりも余計に本物らしいインパクトを与えてくれる。

ここでも石が重要なイメージとして登場している。ボーリンゲンについて述べたように、ユングにとっての石は、あの世、向こう側のものであり、また向こう側のものが現れてくる形なのであろう。これは後でふれる死の直前の夢にも認められる。

脱落していくが残るものがあるというのも興味深い。おおざっぱな表現であるが東洋的に考えるならば、全てが脱落していくものであろう。残るものは迷いに過ぎないかもしれない。しかしユングの場合には残るものがあった。これは自分という感覚の違いであると思われる。死後に何を持っていくかが問題であるとユングはしばしば書いているけれども、それは自分のこのような体験と感覚に基づいた言葉なのであろう。

この体験の後で、ユングは事実をあるがままに肯定することができるようになったという。これも体験したものがいわゆる無とかでないからであろう。人間関係についても同じことが言える。感情的結合は投影を多く含んでいて、それは捨て去る必要があるとユングは述べている。しかし投影がなくなったときに何も残らないのではなく、関係そのものが否定されることはないのである。

聖なる結婚

自分を呼び戻したことでユングは主治医に腹を立てたが、同時に彼がユングのヴィジョンのなかで原初的な姿で現れたことに危険を感じた。ユングはなんとかして主治医のH博士に危険を知らせようとしたが無駄で、彼はユングがはじめてベッドの端に腰掛けることが許された一九四四年四月四日に、病床に臥し、まもなくして敗血症で亡くなったのである。

地球に戻っての幾週間かユングは、昼間は抑鬱的で、夕方から真夜中まで眠り続け、真夜中から一時間だけ目覚めていたが、その間はユングはエクスタシーにいるようであった。この時間にだけ食事をすることができたので、食物を温めて運んでくれる看護婦がユダヤの老婦人のように見え、ユングは自分自身がざくろの庭にいるように思え、そこではユダヤの律法に従って、ティフェレト(栄光)とマルクト(王国)の結婚が行われていた。あるいはユングはラビのシモン・ベン・ヨハイで、来世における彼の結婚式が挙げられていた。その結婚式でユングがどういう役割を果たしているのかはっきりしなかったが、結局のところ結婚式がユング自身であった。

その後、ざくろの庭は色あせていって、次には祭りで飾られたエルサレムにおける「子羊の結婚式」が挙げられた。その場には天使が現れ、天使は光で、筆舌に尽くしがたい歓喜の状態で、この場合にもユング自身が「子羊の結婚式」であったという。これも消えていって、最後のヴィジョンが現れる。そこでユングは渓谷を歩いていって円形劇場にたどりつき、そこではヒエロスガモス(聖なる結婚)が挙行されていた。寝椅子の上では、ゼウスとヘラの婚姻が成就しているようであった。

死とは婚礼であり、結合の神秘であるというユングの思想が、まさに彼自身の体験に基づいていることがわかる。興味深いのは、聖なる結婚とユングの関係である。錬金術に関して述べたように、聖なる結婚は神々の結婚になってしまうと、主体との関係がわからなくなって単なる客観的なことになってしまうし、神と人間の結婚になると様々な混乱を招くし、インフレーションを起こすか、逆に聖なる結婚が人間の次元に落ちてしまいかねない。ここでのユングは自分自身が結婚式になっている。つまりユングは結合という出来事になっているのである。これは結合が真に現実的なものとして体験されていながら、それが実体化もされていないのである。

3　ユングの死

最後の石の夢

ユングの死に対しては、英雄視し、ほとんど聖人伝説のような扱いをするものもある。それに対して偶像破壊的で、脱神話化した意見もある。それを少し検討してみよう。

八十五歳の誕生日を迎えたあとユングは体調を崩し、危うい状態であった。そのときにユングは、鮮明な光を浴びている「別のボーリンゲン」の夢を見る。それは今や完成し、住む準備が整ったという声が彼に語りかけた。それからずっと下の方に、母クズリ(いたち)が子クズリに、水の中で潜ることや泳ぐことを教えているのを見た。すでにボーリンゲンの建物自体が、無意識の場所やあの世を示していたので、別のボーリンゲンが完成したとは、あの世にいく準備ができていることに他ならないであろう。ユングは一度は回復するが、翌年になって体力は目に見えて衰えていった。バーバラ・ハナによれば、死ぬ一カ月前に最後のドライブでの外出をしたときに、三回も結婚式に出くわして、停まらねばならなかったそうである。これも死と結婚との関連を示唆している。

ユング夫妻のどちらかの残った方を世話する約束になっていたルース・ベイリーによると、死の二、三日前にユングは、「今わたしはごく小さい部分に至るまで、真理を認識しているよ。ただ、それはまだ欠けているがね。けれど、このごく小さい部分も認識するとき、わたしは死んでしまっているだろう」と言ってから、幾つかの夢を語ったという。一つの夢では、高い台座の上に丸く巨大な玉石がのっており、石の脚部には「汝の全体性と統一性のしるしになれかし」と刻まれていた。このときの他の夢も興味深いが、この夢にしぼって述べるならば、これもいよいよユングがあの世に還りつつあることを示していると思われる。石というのは、ユングがこの世に形をもたらすためのものであると同時に、常に向こうの存在でもあった。丸い完成したものを四角にするというのが、天上の真理を地上にもたらすことであるとすると、ここでは石は丸くなって、地上から天上に戻ろうとしているのである。

もう一つの報告

ユングは一九六一年の六月六日に亡くなった。静かな死で、一説によると自ら目を閉じていったとさえ言われている。死んで一、二時間して雷雨がはじまり、ユングがよく坐していたポプラの木に落雷したそうである。弟子たちからすると、聖人の死にふさわしいものであったのであろう。

ユングの死についてはもっと様々なことが報告されているが、ここでそれを随分と否定的に述べているロンドンの有名な分析家であるフォーダムの話にふれておきたい。フォーダムはユングの死の少し前に、ユングから自分の知人宛の手紙を見せてもらう。それは、自分の仕事は誰にも理解して貰えず、自分のしたことは誤りに満ちていたということがふるえた筆跡で書いてあったという。フォーダムは驚いてユングの見舞いに駆けつけるが、ユングの言うことは混乱していて苦悩に満ちた感じであった。フォーダムによれば、ユングは悟った聖人のようにではなくて、混乱と迷いのうちに死んでいったのである。

これは非常に示唆的であるように思われる。ユングの死との関わりは確かに感動的なものがあるが、それを理想化してしまうと、それの本質からはずれてしまうのではなかろうか。ベイリーに対しても、自分にまだ欠けているところがあるのを認めているのが興味深い。これほど死について考え、また体験していながら、まだわからないことや迷いがあったことが大切なように思われるのである。それについては次節で考えたい。

4　神話的な死を越えて

知っている＝知らない

死に対してのユングは、神に対しての語り口と同じであると言えよう。一方では死のイメージを心理学的に扱うだけなのだという姿勢を持ちつつ、他方では実際の死のことも扱っている。特に夢やヴィジョンを通してユングが述べていることは説得力があり、ユングが本当にその世界に生きていたことを感じさせる。

しかし昨今の臨死体験についてのブームなどに現れているように、臨死体験や死後の生命、異界などのイメージを取り上げてしまうと、逆説的なことにこれらが「この世」の話になってしまいがちなのである。つまりいくら驚くべき、感動させられる体験であろうとも、「向こうの」ものであるはずのものも、体験できるもの、語られるものとして示された瞬間から、この世の世界の出来事になってしまう。ここに、死などについてイメージを提供し、イメージで語っていくことの限界がある。たとえば神についても、ユングは最晩年のインタビューで「あなたは神を信じますか」と尋ねられて、「今ですか」(now, no と言ったという説もある)と問い返してから、やや間をおいて、「わたしは知っています。わたしはわざわざ信じるまでもありません。知っているのです」と答えたのは有名であり、大きな反響を呼んだ。しかしもしも神について知ってしまっているならば、それは神は人間の世界の中に位置づけられてしまっていて、神でなくなってしまっている。死ぬ数日前のユングが、「まだ欠けているところがある」と述べたように、知っているということは、知らないということに同時に裏打ちされてこそ意味を持つのである。逆説的ながら知らないという絶対的な差異を本当にわかってこそ、知るということが可能になるとも言える。だから死についてもユングは知っていたし、知らなかったと考えられるのである。

この世にとどまる

死がイメージや物語として表象されてしまうと、死はこの世に属してしまって、一様な世界に取り込まれてしまう。むしろ死に向かって広げていこうとするのではなくて、本当に閉じこもるときに逆説的に無限の次元が開ける。この弁証法が大切であろう。その意味で、イニシエーションは死を後にすることで、死の側から見ることであると述べたけれども、イニシエーションや死は決して実体化されてはならない。イニシエーションとは向こう側に越えていくことであるけれども、文字どおりに向こう側に越えていったと思っていると、こちら側と向こう側の差異がなくなってしまい、結果的にはこちらの世界にとどまり続けることになってしまう。イニシエーションが実体化された瞬間に、それは単に表象されたものになり、現実性を失ってしまう。イニシエーションもむしろ向こう側へは絶対に越えられないことがわかるとき、こちら側と向こう側の絶対的な差異がわかるときに、違う次元が開けてくるのである。あるいは逆説的であるが、向こう側に越えられないことが本当にわかる時に、すでに向こう側にいることになるのである。

その意味で、あの世、神の世界とこの世を拡大していくのではなくて、この世に本当にとどまれるときにこそ、逆説的に無限の世界に開けるのではなかろうか。ユングも、「人間にとって最大の極限は「自己」であり、それは『私はただ……のみである』という経験によって顕わにされる。自己の中に狭くわれわれがとじこもるという意識だけが、無意識の無限性との結びつきを形成する。このような認知において、われわれは自分自身を限定されたものとして、そして同時に永遠なるものとして、経験する。われわれが自分自身の独自性——すなわち、究極的には限定されていること——を知ることにおいて、われわれはまた無限性を意識しうる力をもつことになる」と『自伝』の「死後の生命」の章の末尾で述べている。これは『死者への七つの語らい』の最後にも見られる思想である。

こちらには人が存在し、あちらには神が存在する。
こちらには、弱さと無、あちらには永遠の創造力、

こちらには、闇と湿っぽい寒気、
あちらには、全き太陽。
ここにおいて死者たちは沈黙し、夜中に家畜を見守る牧者のたき火の煙の如く、立ちのぼっていった。

ユング略年譜

一八七五年　七月二十六日、スイスのケスヴィル(トゥールガウ州)で生まれる。父は牧師のヨハン・パウル・アヒレス・ユング(一八四二―一八九六)、母エミーリエ・ユング＝プライスヴェルク(一八四八―一九二三)。
一八七六年　シャッフハウゼン近くのラウフェンに移る。
一八七九年　バーゼル近郊のクライン・ヒューニンゲンに移る。
一八八四年　妹ゲルトルート誕生(一九三五年没)。
一八八六年　［10～11歳］　バーゼルのギムナジウム入学。
一八八七～八八年　神経症体験。
一八九五～九九年　従妹のヘレーネ・プライスヴェルクとの心霊術の実験。
一八九五～一九〇〇年　バーゼル大学で医学を学ぶ。
一九〇〇年　［24～25歳］　精神医学専攻を決意。チューリッヒ大学のブルクヘルツリ精神病院でオイゲン・ブロイラー教授の下で助手になる。
一九〇二年　学位論文「いわゆるオカルト現象についての心理学と病理学」(GW 1)。
一九〇二～〇三年　パリのサルペトリエール病院のピエール・ジャネのもとに留学。
一九〇三年　シャッフハウゼンのエンマ・ラウシェンバッハと結婚。息子一人、娘四人。

一九〇三～〇五年　ブルクヘルツリ精神病院の無給医。言語連想の実験を行い、コンプレックスの概念を提唱(GW 2)。
一九〇五～〇九年　ブルクヘルツリ精神病院の医長。
一九〇五～一三年　チューリッヒ大学医学部私講師。
一九〇六年　[30～31歳]　フロイトの論文を知り、文通を開始。
一九〇七年　三月、ウィーンではじめてフロイトに会う。『早発性痴呆[分裂病]の心理学』(GW 3)。
一九〇九年　ブルクヘルツリ精神病院を去り、チューリッヒ近郊のキュスナハトで個人開業。九月、フロイトとフェレンツィとともにアメリカ、マサチューセッツ州のクラーク大学での客員講義に招かれ、名誉博士号を得る。フロイトとブロイラーが編集する『精神分析的・精神病理学的研究年報』の編集委員になる(一九一三年まで)。
一九一〇年　[34～35歳]　ニュルンベルクでの第二回国際精神分析学会議に参加。新たに設立された「国際精神分析学協会」の会長に就任。
一九一二年　『リビドーの変容と象徴』(一九五二年に『変容の象徴』として改訂)。
一九一三年　自分の心理学を「分析心理学」と命名。チューリッヒ大学私講師を辞職。
一九一三～一九年　精神的危機と無意識との対決。
一九一四年　「国際精神分析学協会」会長辞任。チューリッヒ・グループとともに協会から脱退。
一九一六年　[40～41歳]　『死者への七つの語らい』(『自伝』)。「超越的機能」(GW 8)ではじめて能動的想像に言及。「無意識の構造」(後に「自我と無意識の関係」に修正、加筆。GW 7)ではじめて集合的無意識、アニマ、アニムス、自己、個性化の概念を用いる。チューリッヒに心理学クラブを設立。
一九一七年　「無意識過程の心理学」(修正、加筆されて一九四三年『無意識の心理学』GW 7)。
一九一八年　グノーシス文献の研究をはじめる。
一九一九年　「本能と無意識」(GW 8)ではじめて「元型」の概念を用いる。
一九二〇年　[44～45歳]　チュニジアおよびアルジェリア旅行。
一九二一年　『心理学的タイプ論』(GW 6)。
一九二三年　母の死。
一九二三年　チューリッヒ湖南端のボーリンゲンで「塔」を建てはじめる。
一九二四～二五年　アメリカ、ニューメキシコのプエブロ・インディアン居住地を訪問。
一九二五～二六年　ケニヤとウガンダへ研究旅行。
一九二八年　[52～53歳]　『自我と無意識の関係』(GW 7)、「心的エネルギーについて」(GW 8)。錬金術との出会い。
一九二九年　リヒャルト・ヴィルヘルムの訳による「『黄金の華の秘密』(太乙金華宗旨)への註解」。
一九三〇年　[54～55歳]　「心理療法一般医師協会」の副会長(会長はエルンスト・クレッチマー)。
一九三〇～三四年　チューリッヒの心理学クラブで、「ヴィジョンの解釈」について英語でのセミナー。

一九三三年　「心理療法一般医師協会」の仮会長。チューリッヒの連邦工科大学での講義がはじまる。エラノス会議での最初の講演「個性化の過程の経験」(GW 9/I)。
一九三四年　『心理療法とその境界領域中央雑誌』の編集者(一九三九年まで)。エラノス講義「集合的無意識の元型について」(GW 9/I)。
一九三四〜三九年　チューリッヒの心理学クラブにおいて、「ニーチェのツァラトゥストラの心理学的側面」の英語でのセミナー。
一九三五年　[59〜60歳]　チューリッヒの連邦工科大学名誉教授。エラノス講義「個性化過程の夢象徴」(後に『心理学と錬金術』〈GW 12〉の第二章に)。ロンドンのタヴィストックで『分析心理学』について講義。
一九三六年　エラノス講義「錬金術における救済表象」(後に『心理学と錬金術』〈GW 12〉の第三章に)。「ヴォータン」(GW 10)。
一九三七年　エール大学で「心理学と宗教」について講義(テリー講義)。一九四〇年に『心理学と宗教』(GW 11)として出版。エラノス講義「ゾシモスのヴィジョン」(GW 13)。
一九三八年　インド旅行。エラノス講義「母親元型の心理学的側面」(GW 9/I)。
一九三九年　エラノス講義「再生について」(GW 9/I)。
一九四〇年　[64〜65歳]　エラノス講義「三位一体の教義の心理学的解釈の試み」(GW 11)。
一九四一年　カール・ケレーニーと共同で『神話の本質への入門』(ユング論文は GW 9/I)。エラノス講義「ミサにおける転換象徴」(GW 11)。
一九四二年　チューリッヒの連邦工科大学教授を辞職。エラノス講義「精霊メルクリウス」(GW

8)。
一九四四年　前年バーゼル大学の心理学の正教授に就任したが、重病のため辞任。『心理学と錬金術』(GW 12)。
一九四五年　[69〜70歳]　エラノス講義「霊(Geist)の心理学」(「昔話における霊の現象学」としてGW 9/I)。
一九四六年　『転移の心理学』(GW 16)。エラノス講義「心理学の精神」(「心的なものの本質についての理論的考察」としてGW 8)。
一九四八年　チューリッヒにユング研究所を開設。『精神の象徴性』(個別の論文としてGW 9/I, II, 13に)。エラノス講義「自己について」(『アイオーン』〈一九五一〉の第四章に)。
一九五〇年　[74〜75歳]　『無意識の形成』(個別の論文としてGW 9/I, 15に)。
一九五一年　エラノス講義「共時性について」(加筆してW・パウリと共著で『自然現象と心の構造』〈一九五二〉。「非因果的関連の原理としての共時性」としてGW 8に)。
一九五二年　『変容の象徴』(GW 5)。『ヨブへの答え』(GW 11)。
一九五三年　英語版『全集』、ボーリンゲン・シリーズの出版開始。
一九五四年　『意識の起源について』(個別の論文としてGW 8, 9/I, II, 13に)。
一九五五年　[79〜80歳]　『結合の神秘』二巻(GW 14/I, II)。
十一月二十七日、妻エンマ死す。
一九五七年　アニエラ・ヤッフェとともに『自伝』(『思い出・夢・思想』)の仕事を始める。
一九五八年　『現代の神話・空に見られるものについて』(GW 10)。

一九六〇年　ドイツ語版『全集』(GW)の刊行が第十六巻『心理療法の実践』から開始。

一九六一年　［85歳］　英文で最後の著作「無意識への接近」(入門書『人間と象徴』所収)。六月六日、キュスナハトの自宅で死去。

アニエラ・ヤッフェ編(氏原寛訳)『ユング――そのイメージとことば』誠信書房、一九九五を主に参照した。

主要著作ダイジェスト

『変容の象徴』(*Symbole der Wandlung*, GW 5, 1912/1952　野村美紀子訳、ちくま学芸文庫、上・下、一九九二)

もともとは『リビドーの変容と象徴』として出版され、リビドーが性的なものに限らず、それゆえに様々な象徴として現れることを主張し、フロイトとの訣別の書となったものである。

これはある若い統合失調症の女性の空想の記録に、様々な神話や芸術作品などによってその空想の象徴性をあきらかにしていったもので、古典的な拡充の方法をとったとも言えよう。特に動物のイメージの扱い方が印象的である。英雄神話を拡充する材料の中心にし、英雄の死と再生を主に扱っているので、母を無意識、英雄を自我意識に当てはめての解釈も可能になろう。つまり母なる無意識にのみこまれた英雄の再生の物語であり、意識の誕生の物語である。その際に、最終章の「犠牲」でユングがどのようなことを考えていたかが問題になるであろう。犠牲は、無意識的な一体性を犠牲にすること、自らを犠牲にして再生することなど、きわめて多義的である。

またこの本でもすでに、生まれるものが自ら生むものであったり、殺すのは自らを殺すものであったりなどのように、同一性のイメージと思想が認められる。

『無意識の心理学』(*Über die Psychologie des Unbewußten*, GW 7, 1943/1964　高橋義孝訳、

『無意識の心理』人文書院、一九七七）

もとは一九一七年に「無意識過程の心理学」として書かれたものである。ユングの著作の中では、臨床心理学的で入門書的なものになるであろう。性を強調するフロイトと、権力に重きを置くアドラーの間で、どのように自分の心理学を位置づけるかを述べている。即ちそれは対立するものの結合や個人を超えた集合的無意識に重点を置いた心理学なのである。

この本では、フロイトとアドラーの理論を比べるために用いられている事例と、因果的で還元的な分析解釈と統合的で構築的な解釈を比較するために用いられている夢の例の記述も興味深い。ここにも、特にフロイトの理論との対決をかなり意識していたことがうかがわれる。性に対しても「愛は天国から地獄にまで見られる」という言葉にユングなりのコスモロジー的な答えが見られると言えよう。

『心理学的タイプ論』(*Psychologische Typen*, GW 6, 1921　林道義訳、『タイプ論』みすず書房、一九八七)

有名な外向と内向という心的態度や、思考、感情、感覚、直観という四つの心的機能を提示した本である。言語連想において反応のタイプがあることに気づき、フロイトとアドラーというそれぞれ独自の心理学を持つ人間に出会ったことへのユングの答えとしても読める。精神的危機を脱してからの最初の大著である。

しかしこの本は、単なる静的なタイプの分類を超えて、自分のタイプにないものをいかに取り入れていくかという力動的な心理学的統合の過程として理解する必要がある。これはその意味で個性化の過程を描いているのである。さらには、実在論と唯名論の対立をはじめ、西洋の精神史におけるタイプの対立をユングが扱っていることから、このころからすでにユングがコスモロジカルなレベルでの対立物の結合というテーマに取り組んでいたことがわかる。後の錬金術との関連で大切になってくる精神的なものと身体的なものの対立は、すでに中心的なテーマになっている。

『自我と無意識の関係』(*Die Beziehungen zwischen dem Ich und dem Unbewußten*, GW 7, 1928/1964　松代洋一・渡辺学訳、『自我と無意識』第三文明社、一九九五)

ユングには珍しく、比較的体系だった著作である。無意識の過程に対する意識的自我の反応が扱われているので、錬金術やグノーシスに関連した著作よりも近づきやすいとも言えよう。ユングの本で何か一冊だけと言われれば、平均的にはこれを勧めるであろう。

個人を超えた集合的無意識の内容が現れたときに、意識がどのように反応するのかをかなり弁証法的に描いている。たとえば圧倒するような無意識の内容が出現したときに、もとの自分の社会への顔である「ペルソナ」を取り戻すように逃げてしまうか、それとも無意識の内容と同一化してしまって自我肥大を起こすかのどちらかである。あるいは、社会への顔として「ペルソナ」があるように、無意識への関係の機能として異性像としてのアニマがあるなどのようにである。アニマに取りつかれた状態を克服し、アニマが無意識への関係の機能となるところで「マナ―人格」が現れる。これはユングの概念では「自己」とほぼ同義なので、アニマから自己へという個性化の過程の図式が当てはまる印象を与える。しかしこのような一般に信じられている読みが通用しないことは、本書、あるいはこのユングの著作を読めばわかるであろう。
自我と無意識の関係というと、無意識の統合というモデルを思い描きがちであるけれども、ユングは無意識の内容を自我から区別することを徹底して強調しているのも印象的である。

『心理学と宗教』(*Psychologie und Religion*, GW 11, 1940/1963　村本詔司訳、人文書院、一九八九)

エール大学で「心理学と宗教」について講義(テリー講義)したものに基づいている。ここでも宗教に対する心的現実の強調の仕方が徹底している。世界時計の夢の解釈が圧巻である。邦訳には、全集十一巻の他の重要な論文も集録されている。「ヨブへの答え」、三位一体の教義やミサについての論文も興味深いし、非常に重要であると思われる。これらの著作には、キリスト教における悪、女性、身体の欠如の問題、さらには神と人間の関係についてのユングの考え方が示されている。ミサについての論文はあまり有名ではないが、幼少時からのユングのテーマであった犠牲と食べることについて論究しており、ユングの思想の重要な局面が見られる。
なおこの邦訳は全集十一巻『西洋と東洋の宗教の心理学』からの、西洋の宗教に関する部分だけを訳出したもので、東洋の宗教に関する部分は、湯浅泰雄・黒木幹夫訳で『東洋的瞑想の心理学』(創元社)として出ている。

『心理学と錬金術』(*Psychologie und Alchemie*, GW 12, 1944/1972　池田紘一・鎌田道生訳、人文書院、一九七六)

前半部分は心理療法における夢分析について錬金術の象徴体系から光を当てたもので、後半部分は逆に、錬金術についての心理学的解釈である。一般的には錬金術はキリスト教的世界観に対抗して、化学の前身になったまだ怪しげな学問とみなされているけれども、ユングはむしろ自分の心理学の先駆者のようにみなす。つまり新しい物質を造ろうとした錬金術の作業とは、文字どおりに物質を変容させることに意味があったのではなくて、それに参加していた錬金術師の心理学的な過程が物質に投影されたものであるとみなすのである。

カオスと死である「黒化」から白、黄色、赤と進む錬金術の過程は、一つの儀式であり、心理学的な死と再生の過程である。またユングによれば、キリスト教の世界観において排除されていた物質が統合され、結合されることが、錬金術において大切なことであった。

『転移の心理学』(*Die Psychologie der Übertragung*, GW 16, 1946/1958　林道義・磯上恵子訳、みすず書房、一九九四)

転移はユングにとって、個人間の関係や、親子関係の投影に還元されるものではなかった。転移も患者と治療者とを共にこえた「第三のもの」としての魂によって変容されることであり、個人を超えた結合の過程として理解されるのである。

ユングはその結合の過程を、錬金術における「賢者の薔薇園」という図版の解釈を通して示していく。男女の結合によって死がもたらされ、再生した魂は再び結合するのである。これはイメージの世界での出来事でありながら、ユングは「向かい合う存在なしに結合の仕事はできない」とか、錬金術師と soror mystica(神秘的妹)との関係を心理療法の治療関係にたとえたりしている。

プロセスとして見るならば、結合によって死に到ったのが、魂として再生してくることになる。また魂が人と人との関係、精神と身体の関係として捉えられているのも印象的である。

『アイオーン』(*Aion*, GW 9/II, 1951 野田倬訳、人文書院、一九九〇)

グノーシス主義を研究したものに基づいて書いてある。いわば西洋のコスモロジーとの対決の書であると言えよう。たとえば悪の欠如の問題や、悪をコスモロジーに入れてきたときに三位一体ではなくて、四位一体になることなどを詳しく書いている。これを読むとコスモロジーにおける対立するものがもともと同一のものであることがよくわかる。神と怪物の関係がそうであるし、キリストと魚、あるいは漁師と魚の関係もそうである。

キリストのイメージの解釈を通じて、自我と自己の区別がゆらぎはじめているのがわかる。また結合が対立と対立するものの結合の両方の契機を含むことを明瞭に書いてある。

『結合の神秘Ⅰ・Ⅱ』(*Mysterium Coniunctionis*, GW 14/I, II, 1955 池田紘一訳、人文書院、一九九五、二〇〇〇)

ユングによる最後の大著で、ある意味でユングの思想の完成を示すと言えよう。

第一巻では対立するものの結合が、錬金術における太陽、硫黄、月、塩など様々な材料を用いて述べられている。迷宮に迷い込んだような印象も受けるが、それぞれの概念がいかに一義的で静的なものでないかに気づくと、ユングの錬金術の材料の扱い方がまさに彼の心理学の論理に他ならないことに思い至ってくるのである。だから結合は、男性的な太陽と女性的な月の結合という単純なものではない。『心理学と錬金術』において認められる図式と心理学臭さは影を潜めている。

第二巻、すなわち『結合の神秘Ⅱ』においてはコンユンクチオ(結合)が精神と魂の結合としての「心的結合」(unio mentalis)、それと身体との結合、さらには全体的人間と「一なる世界」(unus mundus)との結合の三つの段階を踏むとして記述されている、特に第三段階の原初的な一体性の世界との結合は、個人を越えた魂を考えるユングにとって重要である。またこの巻では、王の再生をめぐっての、老人と若者のペアのイメージも興味深い。第一巻に比べて、むしろ解釈が心理学的で図式的すぎる印象もある。全集十四巻のⅢは、フォン・フランツによる。

『ユング自伝』(*Erinnerungen Träume Gedanken.* 〈『思い出・夢・思想』〉Hrsg. von A. Jaffé, Water, 1962　河合隼雄他訳、みすず書房、Ⅰ一九七二、Ⅱ一九七三)

ヤッフェの編集の仕方、英訳、およびそれに基づく邦訳に関する様々な問題の指摘はあっても、ユングの世界を知るにはもっとも適していると思われる。特に本書でも取り上げた幼少時からの数々の夢やヴィジョン、それに対するユングの答え方は印象的である。フロイトと訣別した後の精神的危機や、六十八歳の時の臨死体験の記述も興味深い。

『分析心理学』(*Analytical Psychology*, GW 18, 1936　小川捷之訳、みすず書房、一九七六)

タヴィストックでの講義を元にしたもので、ユング自身による自分の心理学の概説と言えよう。

レクチャーでの性格上、言語連想検査や治療関係に関する記述も多い。身体との関連も度々話題になっている。

レクチャーの度にディスカッションが行われたのが集録されていて、興味深い。

『子どもの夢』(*Kinderträume*, hrsg. von Lorenz Jung und Maria Meyer-Grass, 1987　氏原寛監訳、人文書院、一九九二)

一九三六年から一九四一年に行われた子どもの夢についてのセミナーの記録である。様々な実際の夢についてユングがコメントしているのが興味深い。また最初に夢の解釈についての概説をユングが行っており、その種の論文がないなかで貴重な存在である。夢に対する概説としてはすでに一般に知られている内容が多いが、ユング自身の筆致には独特のニュアンスが窺われる。

『人間と象徴』(*Man and his symbols*, 1964　河合隼雄監訳、河出書房新社、一九七五)

ユングが死ぬ直前に、何人かの弟子とともに執筆したユング心理学への入門書である。ユング自身は、「無意識の接近」という冒頭の章を書いている。フォン・フランツによる「個性化の過程」という章は、少し図式的になっているきらいがあるけれども、影からアニマ・アニムス、そして自己に向かう個性化の過程の概説としてコンパクトに書かれていて便利である。その他に、ヘンダーソンによるイニシエーションに関する第二章「古代神話と現代人」、ヤッフェによる第四章「美術における象徴性」、ヨランデ・ヤコビーによる第五章「個人分析における象徴」が含まれている。多くの図版を見ながら、ユング心理学のイメージの世界を楽しめる本である。

『赤の書』(*Das Rote Buch*　河合俊雄監訳、創元社、二〇一〇)

ユングは、第一次世界大戦前に精神的危機に陥り、破壊的なヴィジョンを体験する。後にユングは自分から積極的にイメージを喚起するようにして、そこに登場してきた人物と関わり、対話していく。それを日記のように記録したのが『黒の書』であり、それに絵やコメントを付け加えたのが『赤の書』である。これはいわばユングの自己分析の記録である。

『赤の書』は長らく秘伝の書のような扱いを受けてきたが、ようやく二〇〇九年に公刊され、邦訳も一年後に出版された。ユングが実際にどのように無意識から生じてきたイメージと関わり、またそれをどのように理解していったのがわかる重要な本である。テキストとしてだけでなくて、それと独立して理解できる絵のプロセスも興味深い。予言の書のような「第一の書」、様々な人物像とやや余裕を持ちながら関わる「第二の書」、『死者への七つの語らい』をより詳しくしたような第三部「試練」から成る。

『赤の書』には、編者のシャムダサーニによる長い解説が付いており、『赤の書』への解説だけでなくて、ユングへの導入としても価値が高い。大判の『赤の書』を小さくして、テキスト部分だけにした『赤の書　テキスト版』(創元社、二〇一四)には、残念ながら図版が含まれていないものの、テキストが全て収録されていて、当然ながら編者のシャムダサーニによる解説も読めて重宝である。

キーワード解説

魂(Seele, Psyche)

魂というのは、ユングにとって最も重要なキーワードであろうけれども、それだけにほとんど定義不能である。Seele と Psyche の区別も微妙である。

魂というのは、ユングにとって個人が所有している自分の心のようなものではない。むしろ esse in anima(魂における存在、魂の内の存在)ということが言われるように、逆に魂の内に自分が住んでいるのであって、魂とはそこに自分の住んでいる世界のようなものである。このニュアンスのときには圧倒的に Psyche が用いられる。しかし魂は何か器のようなものではなくて、ファンタジーという働きによって、現実性《リアリティー》を生み出していくのである。だから物理的で文字通りの「現実」に主観によって媒介された心的現実が付け加わるのではなくて、「心的現実がわれわれの直接に経験できる唯一の現実」なのである。

魂は、自分の魂のイメージという意味にも使われる。このニュアンスの時には Seele が用いられることが多い。異性像としてのイメージとして現れる魂というのがその典型的な例である。その場合には魂は自我や意識にとっての他者のようになり、またひるがえってはユングの石の体験のように、あらゆる他者が魂であるようにも思える。

魂にはその他に、精神と身体、精神と物質をつなぐものというニュアンスもある。これは『心理学的タイプ論』から錬金術に関する研究まで、一貫しているイメージである。これは魂を関係性として捉える視点につながると同時に、ユングにギリシア的な精神、身体、魂という三分論が見られる証拠でもある。

元型(Archetypus)

元型《げんけい》とはある行動をしたりイメージを生み出したりするためのアプリオリに与えられた可能性のことであり、個人的に習得されたものでなくて無意識に先在している普遍的な型である。それが意識に現れるときには圧倒的な力や影響力をふるったり、絶対的な意味を帯びたりする。

元型は無意識が個人を超えているという集合的無意識の考え方と密接に連関している。夢やヴィジョンなどは個人の経験や記憶に必ずしも基づいていないし、時には自分の伝統にも基づいていないこともあり、それは人類に普遍的な無意識に存在する元型によるものと考えられる。類似した神話、昔話、宗教儀礼が世界中において見られるのも伝播によるのではなくて、元型によるものとみなされるのである。元型とはその意味では地母神や英雄などの典型的なモチーフやイメージのことである。しかし元型は無意識における様々な型であるという認識論的な意味だけで理解されてはならず、元型がヌミノースな力を持っていて、それ自体が意味を持っているというように、元型のリアリティーを忘れないことが大切である。つまり出来事やイメージが因果的に説明されたり関係づけられるのではなくて、それ自身に根拠、現実性の深みを持っているというのが元型という考え方なのである。だから元型が、還元されるパターンのようになってしまうと、もともとの元型の意味には反していることに注意する必要があろう。

集合的無意識(kollektives Unbewußte)

ユングは抑圧や忘却によって形成されてきていて、個人の経験や記憶に遡ることのできる個人的無意識に対して、個人的な経験を超えている集合的無意識を提唱した。伝播の考えられないような場合にも似た神話や儀礼が異なる文化において存在したり、記憶になく、経験したことのないようなイメージやファンタジーが浮かんでくるのも集合的無意識の働きと考えられるのである。集合的無意識の内容が元型である。

深層心理学的モデルにおいて集合的無意識は個人的無意識より深いこころの層に位置づけられている。しかし集合的無意識は個人のこころの深みとして理解されてはならない。ユングが外的な社会に内的な集合的無意識を対応させているように、集合的無意識は自分を包む世界のようなものである。さらには集合的無意識は、外から自分を圧倒してくる力を持っていて、それゆえに自分から区別された他者である。また他者と言っても、集合的無意識は自我意識にとっての対象ではなくて、逆に集合的無意識が主体で、自我がその対象となる視点の逆転をもたらす。

集合的無意識の典型的な現れは、社会に対する顔である「ペルソナ」、自我の生きてこなかった面で同性の像で現れてくる「影」(Schatten)、異性像としてのアニマ・アニムス、意識の中心でなくてこころ全体の中心としての「自己」(Selbst)のイメージである。これらはイメージをそのまま概念にしたところがあって、無意識の現れを個人的な人間関係、特に親子関係に還元しないユングの特徴が認められる。

アニマ・アニムス(Anima, Animus)

ラテン語で魂を意味するアニマとは魂のイメージである。ユングは魂のイメージがこころの相補性と全体性のために異性像で現れることに気づき、女性像をアニマ、男性像をアニムスと名付けた。アニマは気分として現れたり、現実の女性に投影されたり、女優、女神、魔女などの女性像で現れることもある。アニムスはむしろ意見として現れ、アニマと同じように男性に投影されたり、様々な男性像で登場したりする。

ユングはアニマに取りつかれるのではなくて、アニマに自我とは別の人格を認め、それとの関係を作っていくのが大切であるとした。それによってアニマは自律性を失って、無意識との関係性の機能になるのである。

アニマに関しては、性的で生物的なものからより精神的な女性像に変容させたり、昔話における結婚のイメージのように自我と結合させたりするのが大切なように一般的に思われている。このような古典的ユング派の立場に対して、元型的心理学は女性像としてのアニマの重視やアニマの統合という目標に、人間中心主義的な問題を認める。そしてどのようなイメージであれ、個々のイメージがアニマの現れとして尊重され、アニマと自我の結合ではなくてむしろアニマとアニムスの関係が重視されることになる。

自己(Selbst)

ユングはこころ全体からすると非常に狭い範囲に過ぎない意識の中心である自我から、意識と無意識を含むこころ全体の中心である自己を区別する。自己のイメージとしては王、神、さらには全体性を表すマンダラなどで生じてくると考えられている。錬金術における石(ラピス)などもこの自己のイメージとみなされる。ユングの言う自己実現とは、この自己が実現すること、意識されることなのである。

自己の概念も様々な問題をはらんでいる。ノイマンのように、自我と自己の関係を重視する立場の人もいれば、ヒルマンのように、自己という考え方を自我に中心性をおくことのすりかえ、イメージの多様性を破壊する一神論的なものとして否定する立場の人もいる。

また本書で考察したように、自我と自己の区別もそう簡単なものではない。自己というものが、自我と区別された実体として存在するという考え方が誤謬を孕んでいることは意識しておく必要があろう。

自己実現(Selbstverwirklichung)

ユング心理学において、自己実現は「個性化」(Individuation)とほぼ同義に用いられていて、自分自身になることを意味するけれども、自分とは自我と区別された自己を指していることに留意する必要がある。

ユングにおいて自己実現ないしは個性化は時期によって次の三つの意味に変遷してきている。『リビドーの変容と象徴』を出した初期においては意識が無意識の力から、ことに母親的なものから解放されるという意味合いが強い。『自我と無意識の関係』を著した頃には、自己が社会への顔であるペルソナと集合的無意識の力から解放されること、そのために意識での一面的な生き方に対して、無意識における補償する面を取り入れて、こころの全体性を実現するという意味が主に前面に出てくる。その連関で、無意識から現れたイメージである影やアニマの統合が必要になる。後期になると、自我と無意識の関係や統合というよりも、こころ全体における対立するものの結合、中心化として自己実現が捉えられていき、ことに錬金術における結合の過程が自己実現のイメージとして重視される。

自己実現は一つの目標として未来に実体化される傾向が強いが、むしろ魂や現実を捉えていくための一つの視点として自己実現は意味を持つのである。また自己実現が主体としての人間の全体性の実現として楽観主義的に捉えられることが多いけれども、むしろユングにおける自己実現は人間と区別された主体としての魂やイメージが実現していくことことして理解する必要があろう。

コンプレックス(Komplex)

連想実験において、反応時間が遅れたり、再生できなかったりするような障害が現れることから、意識の活動に従わないような存在をコンプレックスとして仮定するようになった。コンプレックスはある感情値を持っており、比較的自律した存在である。

コンプレックスが存在すること自体、自我の中心性に疑問を投げかけるものであるけれども、自我も多くのコンプレックスのうちの一つにすぎないとして捉えるところに、ユングの脱主体化したラディカルさが認められる。

コンユンクチオ、結合(coniunctio)

神経症を「自己との不一致」として捉えるユングにとって、結合は中心的課題である。結合を自我と無意識の間の結合として解釈することもできるが、ユングにとってむしろ結合は特に錬金術との連関で、対立するものの結合として大切になる。錬金術の象徴体系で言うならば太陽と月の結合など、ユングの文脈では男性性と女性性、アニムスとアニマの結合が問題になる。ユングによれば、錬金術においては精神と物質の結合、特に西洋の世界観で排除されてきた物質性の統合が重要であることになる。

結合が常に対立と結合の両方の契機を含んでいることは大切である。だからたとえば神と悪魔、キリスト教の象徴における漁師と魚も同じものの二つの現れであるし、また逆に結合しているものにも、対立の契機が含まれているのである。結合は転移にも関係してくる。いわゆる集合的な次元での結合が人間のレベルとどう関係するのかが、心理療法における重要な課題であると言えよう。

結合は『結合の神秘』においては、精神と魂の結合としての「心的結合」(unio mentalis)、それと身体との結合、それを経て全体性となった人間と「一なる世界」(unus mundus)との結合の三つの段階を踏むとみなされている。「心的結合」は外に投影していたのを見抜き、それを通じて自己認識をし、また外界を客観的に知ることとされている。この場合にも結合がむしろ分離を意味するのが興味深い。身体との結合は第一段階で得られた認識が実現化することで、具体的にはファンタジーを生み出していくことであり、「自己」のイメージを形成することとして捉えられている。それがさらに「一なる世界」、すなわち原初的で創造以前の一体性の世界と結合することが第三段階として述べられている。これは個人の心理学的なプロセスがいかに世界の問題につながるか、心理学的なことがいかに現実になるかという意味で非常に重要であると思われる。

拡充法(Amplifikation)

夢のイメージなどについて、そのイメージに類似する神話、芸術作品などを挙げていくことによって、そのイメージを膨らまし、その内容を明らかにしようとする方法である。

これはフロイト派の連想に対して、個人的な連想よりもイメージ自体の持っている内容を重視すること、またある連想から別の連想に流れてしまうのでなくて、常に元のイメージにとどまり続けることに特徴がある。だから拡充法によってイメージの類型化をはかったり、ある象徴に還元したりするというのは誤解であって、むしろ類似を並べることによって、そのイメージを浮き立たせ、その深みに入っていくのである。

能動的想像(aktive Imagination)

瞑想に似ているが、たとえば夢に現れた女性像などのイメージに対して、それと対話することを試みるなどして、積極的にイメージを表現し、それとの対話をはかることである。ユングはイマジネーションの形として、視覚的なものに限定していたのではなくて、その人の得意な感覚器官を用いることを勧めている。声によることも、踊ることも、手で何かを造ることも能動的想像の一つなのである。また能動的想像に際して、あまりに表現されたものの「意味」を追求して理解しようとすることと、美的な表現にこることを、どちらもイメージの現実性からそれてしまうこととして戒めている。

キーワードについては、『ユング自伝2――思い出・夢・思想』(河合隼雄他訳、みすず書房、一九七三)の巻末の「語彙」、およびサミュエルズ他『ユング心理学辞典』(山中康裕他訳、創元社、一九九三)も参照されたい。

読書案内

河合隼雄『**ユング心理学入門**』(培風館、一九六七、岩波現代文庫、二〇〇九)

もはや古典になりつつあるユング心理学への入門書である。『自我と無意識の関係』を下敷きにしながら、実際の心理療法に関係づけて、西洋で生まれたユング心理学を日本で適用する場合の問題にもふれつつユング心理学を概説してある。五十年前に日本にユングを紹介するということでは仕方がなかったかもしれないが、ユング後期の思想については、やや弱いきらいがある。河合隼雄著作集1『ユング心理学入門』(岩波書店、一九九四)の方には、ユングの伝記をつづってある『ユングの生涯』も収録されていて、これは文庫でも読める(レグルス文庫、一九七八)。

エレンベルガー『**無意識の発見**』(上・下)(木村敏・中井久夫監訳、弘文堂、一九八〇)

深層心理学の成立を、シャーマニズムや呪術にまで遡って、ロマン派やメスメリズムを経ての流れとして捉えたもので、心理学のなかでは思想的背景に考慮した珍しい書である。ユングについては、邦訳では下巻の第九章に述べられている。コンパクトで客観的な伝記と思想の紹介としてすぐれている。

シャムダサーニ『**ユング伝記のフィクションと真相**』(河合俊雄監訳、創元社、二〇一一)

ユングについては様々な伝記があるものの、偶像崇拝的なものから、意図的にユングを攻撃しているものまであって、なかなか実際の姿を伝えているとは言いがたい。シャムダサーニは歴史学者であり、また『赤の書』をはじめとするユングの様々な遺稿や資料の編者でもあるので、多くの資料に照らし合わせて、個々の伝記の問題点を指摘しつつ、ユングの実像に迫ろうとしている。

特にいわゆるユングの『自伝』をめぐる紆余曲折と、改変の過程の記述は非常にスリリングで興味深い。

サミュエルズ『**ユングとポスト・ユンギアン**』(村本詔司・村本邦子訳、創元社、一九九〇)

ユング以後にユング心理学がどのように展開したかを知るのに便利。現代のユング派を、象徴解釈を中心にし、象徴による人格の統合過程を重視する「古典派」、個人を超えた魂に立脚しつつも自我や人間を中心とした統合過程を批判し、個々のイメージを主体としていこうとする「元型派」、精神分析のクラインやコフートの影響で幼児期の発達に重きをおき、治療においても転移・逆転移に焦点づける「発達派」、の三つに分類している。サミュエルズ自身は発達派である。ややや表面的記述に流れているきらいはある。

河合俊雄『**概念の心理療法――物語から弁証法へ**』(日本評論社、一九九八)

本書でも参照された元型的心理学、およびそれをさらに乗り越えようとしているヴォルフガング・ギーゲリッヒの考え方をもっと知るために便利と思われる。特に本書の中心的テーマであった「現実性《リアリティー》」については、意識、無意識、アニマ・アニムス、外傷体験、物語などの概念に関連させて、詳しく述べてある。

河合隼雄『**ユング心理学と仏教**』(岩波書店、一九九五、岩波現代文庫、二〇一〇)

西洋から入ってきたユング心理学をどのように日本で受け入れ、またそれを発展させるかを描いたもの。日本にユング心理学をもたらした河合隼雄が、心理療法について書いたものの中で最もすぐれていて完成していると思われる。

最初は、著者自身の体験を踏まえて、ユング心理学をいかに理解し、日本に導入したかが述べられている。そこからさらに、主に井筒俊彦による仏教理解に基づきつつ、日本でユング派の実践を行い、またそれを理解していくのに仏教を拠り所として論が進められていく。ユングの錬金術と対比して、禅の十牛図がモデルとして使われている。

西洋における自分の力で自分を作り上げていく自己実現とは異なる、自分の独自性を驚きながら発見する日本における自己実現、存在の根底に「悲しみ」を見る存在理解など、非常に示唆的である。

河合俊雄『**ユング派心理療法**』(ミネルヴァ書房、二〇一三)

ユング派の心理療法について、他の学派とも比較しつつ概説している。クライエントとセラピストの間の二者関係というより、その両者の間にある第三のものとしての夢や箱庭などのイメージを中心とし、またイメージに物語と象徴でアプローチするパラダイムについて概説している。

後半の事例篇では、十の様々な事例に対して、著者がコメントしていて、ユング派の心理療法の実際について知ることができる。二〇〇〇年以後、日本で増えている発達障害をユング派としてどう捉え、またどう対処するかについても示唆が得られる。

日本ユング心理学会編『**ユング心理学研究**』(創元社、第一巻、二〇〇九—)

河合隼雄追悼シンポジウムが収録されている第一巻特別号を創刊号として毎年発行され、市販されている学術誌。臨床、それにユング派の特徴である学際的な研究の両方にわたって、日本でのユング心理学の現在における動きがわかる。

第一巻特別号、中沢新一による「ユングと曼陀羅」が収録されている第二巻などが特に注目に値すると思われる。

あとがき

本書で試みたのは、現実性《リアリティー》、あるいは魂の現実性をユングが真に生きていて、またそれをユングなりに捉えて表現していたのを伝えようとすることである。自分としてその観点に至るには、それなりの道のりを要した気がする。心理学の好むイメージの象徴解釈や、イメージの物語性にのっていくことには心理学と心理療法を学びはじめた最初からあきたりないものを感じていた。わかりやすく表現するならば、それぞれのイメージの意味を捉えても、そのイメージの背景となる世界全体はどうなるのであろうかという問いである。それへの答えとして登場したのがハイデガーの存在論であり、元型的心理学であったように思う。ユングの esse in anima（魂の内の存在）を存在論的に解釈していって、魂とはイメージに他ならず、魂の創り出すイメージ以前に遡ることはできないというのが当時に考えていたことの根幹であった。イメージを世界として捉えることは、世界の構造を見ていこうとするコスモロジー的発想にもつながる。

しかし存在論的な見方は臨床的にも理論的にも限界にぶつかってしまった。イメージを実体化してしまっているし、構造にこだわると動きがなくなってしまうのである。十年前にドイツ語でユングとハイデガーに関して書いた博士論文は、自分の中では通用しなくなってしまった。そこで存在論は現実性への視点に譲ったのである。

このように自分が歩んでいったなかで、ユング派の分析家であり、おそらくユング派で一番ラディカルな思想家であろうヴォルフガング・ギーゲリッヒに出会ったことは大きいと思う。一九八三年のエラノス会議で「工業文明への魂の埋葬」というテクノロジーと魂についての講演を聞いたときには、当時自分が目指していた方向とあまりにも似ていて、驚きを禁じ得なかった。その後ギーゲリッヒ自身も、元型的心理学の限界につきあたり、ヘーゲルを読みつつ苦しみながらそれを乗り越えていく試みをするが、その歩みも一緒にすることになってしまった。本書での第二章の神経症についての解釈、第四章のフロイトとの超心理学的現象の捉え方の違い、第九章の錬金術の持っている論理など、主なものをあげても、彼の考え方を参考にしたものは多い。

なおここでことわっておくと、本書はもちろん書き下ろしであるけれども、第一章のファルスについては「元型としての身体」(鷲田清一・野村雅一編『表象としての身体』大修館書店)、第四章第五節「元型と現実性」は「ユングの分析心理学」(岩波講座現代思想3『無意識の発見』)に書いたことと多少重複している。

これを書き終えて、魂の現実性《リアリティー》という筋で見ていったことには満足しているが、当然のことながらいろいろ不満がある。まず、入門書という性格のために仕方がないかもしれないけれども、自分の考え方があまりに変わってしまったこともあって、これまでのユングの読み方が通用せず、ユングの書いたものの挙げ方や論証が不十分になったことである。特にユング後期の著作、思想については、もっと精緻なものにする必要があろう。さらには、ユングの中の思想の流れとして書いてしまったので、最初に意図していながらラカンと多少の比較を行った他は、現代思想との対話としては不十分に終わったことである。ユングの思想というのはあまりにも凄くて突き抜けているので、まだあまり誰もとらえきれていないのではないかと秘かに思っている。そこからすると現代の様々な思想のこだわりがつまらないものに思えてしまうことも多いけれども、ユングの思想を伝えるためにも、現代思想との対話は必要であろう。

ユングは論理的でないとか、矛盾する思想家であるとか、プラグマティックに書いてあって、個人によって読みが違うとか言われている。しかし書いていて気づいたのは、ユングの思想が驚くほど一貫していることである。以前には、ある個所で書かれていることは深遠で興味深いけれども、その文脈での思いつきに過ぎない感じがして読んでいたのだが、あちらこちらで書いてあることがもちろん体系としてではないが一貫していることに気づいてきた。これも今後につなげていきたい。

本書を依頼されてから、随分と年月がたってしまった。もちろん激震地帯で神戸の地震に直撃されたことも多少関係しているかもしれない。そのためにいろいろな仕事を待ってもらったり、キャンセルしてもらったりしたのだが、世の中がそれでも普通に動いていくことを見ると、変なサボりぐせがついてしまった気さえする。その間、昨年に『レヴィナス』を一足先に書き上げた港道隆さんとともに、講談社編集部の宇田川眞人さんには随分と励まされた。辛抱強く執筆を待っていただき、昨年後半には章ごとに締め切りを決め、神戸、京都、東京、果ては学会のあった仙台でまで、原稿を受け取っていただいたことに感謝したい。

節分の日にあとがきを書いて、いろんな意味でようやく年を越せる気持ちである。

一九九八年節分　神戸と京都に於いて

河合俊雄

ユング『赤の書』以後——文庫版への補遺

本書は、講談社の「現代思想の冒険者」シリーズの一冊として出版されたものを、少し修正したものである。旧版は一九九八年に刊行されたが、その後二〇〇九年に『赤の書』が出版されたのは、これまでのユング心理学、あるいはユング研究を根本的に変えてしまうかもしれない大きな出来事であった。そこでこの新版では、『赤の書』がこれまでのユングの捉え方にどのような変化を与えるのかを補ってみたい。ここでの論点は、Kawai, T.: The Red Book from a pre-modern perspective: The position of the ego, sacrifice and the dead. *The Journal of Analytical Psychology*, 57(2012), 378-389 および河合俊雄「ユング『赤の書』における近代意識とその超克」(『日本病跡学雑誌』八七号、四三—五〇頁、二〇一四年)を元にしており、文庫版のために新たに書き直したものである。

1　『赤の書』の出版

第五章でもふれたようにユングは、第一次世界大戦の直前から、ヨーロッパが大洪水に襲われるなど、破局的なヴィジョンや夢を体験して精神的な危機を迎える。それに対してユングは、積極的にイメージを喚起して、それと対話するアクティヴ・イマジネーションの技法を用いて無意識との対決を行っていく。その体験を日記のように記録した『黒の書』と、それを書き写したのを元にさらに絵と心理学的なコメントを付け加えた『赤の書』が存在することは、よく知られている事実であった。何人かの親しい人たちはそれを目にしたり、読んだりできていたけれども、一般には公開されないままで、いわば秘伝の書のようにみなされてきた。

『赤の書』における編者シャムダサーニの解説にあるように、ユング自身は、誤解されることを恐れて、『赤の書』が世に出ることに対しては非常にアンビバレントであり、出版を躊躇していた。最晩年にも『自伝』に組み込もうという動きがあったり、『赤の書』を完成させようというユング自身の取り組みがあったりしたけれども、「エピローグ」が文章の途中で途切れていることに象徴的に示されているように、遂に生前には公刊されず、また公開に向けての指針も示されないままであった。

しかしドイツ語版のユング全集が、一九九五年に完成するに伴って、ユングの遺族会は、ユングの未公刊資料の出版に向けて動き出すことになる。その委託を受けてシャムダサーニが調査をし、『赤の書』の写本を遺族たちに提出したところ、長い折衝を経て、二〇〇〇年に出版に向けての原則的な同意が遺族から得られることになった。シャムダサーニ本人から聞いたところでは、紆余曲折を経た、非常に骨の折れる交渉であったそうである。それから様々な版のあるテキストの確定、注釈、さらには英訳と解説の執筆などの作業によって、実に九年の歳月を経て、『赤の書』はドイツ語版と英訳版が同時に出版されて、日の目を見るようになったのである。日本語訳は他言語への翻訳に先駆けて、一年後の二〇一〇年に出版されている。

『赤の書』は、出版直後から世界中で大きな反響を呼んだ。それは謎に包まれていたユングの精神的危機と、その対決のありさまを一次資料から明らかにしてくれ、ユングへの関心を高めるきっかけとなった。大判の本で再現されたユング自身の描いた絵は非常に印象的で、個々のアクティヴ・イマジネーションによる話は、ある種の実験小説としても読めるものであった。またユングがいかに自己分析と取り組んだかを示してくれているので、『赤の書』はユングの心理療法が、いかに自分自身に適用されたかという貴重な機会を提供することになった。一般的な関心だけではなくて、ユング派からも様々な解釈やコメントがなされ、いくつかの専門誌では特集号が組まれた。その中で興味深いと思われたのは、『赤の書』に収録されている絵についての解釈である。たとえば、ジョー・ケンブレイは、ユングが毎日描いていた曼陀羅のシリーズにおいて、ある女性から「それは芸術です」という手紙を受けたことによって曼陀羅が乱れ、それから の回復がさらに新しい曼陀羅の展開を生んでいることを示した。またそれは気に障る手紙を読んだことに起因する単なる因果関係的なものではなくて、絵のシリーズを見ると、手紙をもらう直前に、乱れと次への変容の兆しが認められるものであったことを「創発」の視点から解釈している。

ここでは『赤の書』から捉え直されるユングの思想、それの問題点、さらには新しい可能性について考えてみたい。

2 『赤の書』と時代

『赤の書』については、エレンベルガーが『無意識の発見』のなかで「創造の病」という表現を用いたように、ユングというある意味でのシャーマン的な能力を持った天才による体験の記録とみなされているのが通例であるように思われる。またユングがフロイトとの訣別によって精神的な危機を迎えたと考えられているために、フロイトとの関係で理解されることが多い。しかしこれについては、『自伝』を編集しているときに編者のアニエラ・ヤッフェと出版社との間で作り上げられた、フロイトとの対決によってユングの人生と思想を描くというストーリーの影響を受けていると思われる。

さらにはシャムダサーニが明らかにしたように、ユングの『赤の書』というのは、ユングだけに固有な特殊なものではなくて、同じような体験や表現は同時代に多く見られたのである。ユングの博士論文がテーマとしているように、一九世紀の後半には降霊術がさかんで、フルールノワをはじめとして、それを心理学的に解き明かそうという動きがあった。そして二〇世紀の初頭は、シュールレアリストをはじめとして、文学と心理学が実験的に重なっていたときであった。ユングが夢とイメージについて行ったような自己実験は、ジルベラーをはじめとする多くの心理学者も取り組んでいたことがわかっている。さらには、それを絵という芸術として表現した人も、一緒に連想実験を行ったリクリンをはじめ、多く存在した。

つまりユングの『赤の書』は、前近代的な心性が失われようとしているために、神話的で霊的なものが普通に体験できなくなってきていたからこそ注目を集めたという時代性を背景としている。そして神話的で霊的なものはそれ自体で存在しているのではなくて、こころの中で起こることとして心理学的に理解しようという機運が生まれ、そこに文学や芸術との接点が生じてくることによって『赤の書』のような作品は形成されたと言えよう。その意味で、ユング(一八七五―一九六二)とほぼ同時期に生涯を送った柳田国男(一八七五―一九六二)が、『赤の書』と数年の違いである一九一〇年に『遠野物語』を書いているのは興味深い。『遠野物語』も、民俗学の研究書であると同時に文学であるというように、学問と文学の境界に生じてきている。そしてこれも、山人をはじめとするあの世から出てきた異界の存在に遭遇するということが当たりまえでなくなりつつあり、失われつつあったからこそ、書き留められたということが言えよう。だから一九一〇年の以前にも、以後にも『遠野物語』は書かれえない。同じような理由で『赤の書』というのは、前近代的世界が失われていこうとするときに可能になったもので、『リビドーの変容と象徴』(一九一二)で神話を研究したユングが、自分自身の神話の不在を感じたからこそ生まれてきたのである。

3 『赤の書』における精神的危機と近代的自我

『赤の書』はユングの精神的危機をきっかけとして成立してきて、ユング自身は統合失調症のリスクを感じていたようである。第五章でもふれたように、一九一三年の一〇月に、一人で列車に乗っていたユングにヴィジョンが襲ってくる。それは次のような恐ろしい内容であった。「北海とアルプスの間の北方で低地の国々全てが、途方もない大洪水に見舞われているのを見たのである。それはイギリスからロシアまで、北海の海岸からほとんどアルプスにまで及んでいた。大波が黄色く泡立ち、瓦礫と無数の死体が浮いているのが見えた」(『赤の書』邦訳二三七頁/テキスト版一四二頁)。このヴィジョンは二時間にわたり、ユングは混乱して気分が悪くなる。それから二週間たって、同じヴィジョンが再び襲ってくる。ユングは次のように述べている。「私は疲れ果て、混乱した。そして私は、自分の精神が病んでしまったのかと思った。」

『赤の書』に示されているユングの体験したすさまじいイメージは、統合失調症に特徴的なものとして理解できるのであろうか。『赤の書』を読んでみると、冒頭の『ツァラトゥストラ』を思わせるような預言者的で大仰なスタイルと、様々な神話的なイメージによって圧倒されるような気になる。しかし大洪水、血の海、ヴォータンの殺害の場面などのようなイメージがいかに強烈で危険に思える内容であっても、それらが極めて明瞭なイメージとして見られ、話が支離滅裂になったりせずに構造的な崩れなく報告されているのが特徴的である。つまりイメージを観察している自我主体の視点が揺らいでいないのである。確かにイメージの内容として見ると、異様であったりするかもしれないけれども、イメージを捉える構造自体は崩れていないのである。

統合失調症の特徴は必ずしも奇妙で圧倒されるようなイメージの内容に表れるのではなくて、むしろ主体性が脅かされることによって、統合失調症の人が他者から見られ、観察されるように感じるところに示される。統合失調症の人は、幻視ではなくて幻聴を症状として持つことが多いが、これは感覚器官の違いの問題ではない。ドイツの人間学的精神病理学者のツットは、その論文「眼差しと声」(Zutt, J., "Blick und Stimme", 1957) において、統合失調症者における幻聴は、「見る」のではなくて、「話しかけられ」「見られる」という受動のあり方に本質があると指摘している。これは主体性を喪失した状態であると考えられる。つまり他者が主体を圧倒し、その機能を奪っているのである。従って、観察する主体の視点を保っているユングには、統合失調症のリスクが認められないと思われる。

自我の存在の確かさは、『赤の書』における情動や感情の機能でも裏づけられている。イメージに圧倒されたユングは強い情動反応をしている。「第一の書」にはそのような強い情動の表れがよく見られる。たとえば冒頭の部分で、「それ以来、われわれがまもなく直面することになる恐ろしい出来事に対する不安がたびたび襲ってきた」(二三七頁／一四三頁)とされている。第3章では、「私は、愛すべき魂に語りかけ、近づいたとき、戦慄に襲われた」(二四三頁／一四六頁)と書かれている。「第一の書」の最初の方では、不安と恐れの感情が目立っている。文体と全体の雰囲気は非常にドラマチックで緊迫している。

後になると、怒りの感情が生じてくる。たとえば第6章における「魂」との対話は、怒りに満ちている。「そこで私はそれに憤慨し」、「しかし私は怒って叫んだ」、「私の血は煮えくり返っていて、あなたを捕らえることができたなら、絞め殺しているところだ」、「けれども私は怒って答えた」(二四九頁／一八四頁)と列挙していくと切りがないくらいである。情動や感情は二義的なものだと思われる。一方では無意識的なことの侵入によって驚かされ、圧倒されているために、情動や感情が生じてくることは当然ながら考えられる。統合失調症の発症時には、まさに情動的な混乱が見られる。しかし他方では、情動や感情はそれを感じている自我の側を強調し、それを補強する。不安というのは、自分自身のことが自覚され、自分が失われることを恐れるからこそ生じてくる。キルケゴールやハイデガーをはじめとして、一九世紀から二〇世紀にかけて、不安を根本的な感情とする哲学が成立したのは、近代意識の成立と密接に関わっている。また子どもの発達段階においても、意識を持つようになって死の恐怖を抱くようになり、思春期に自意識ができてくると不安が強まる。従って「第一の書」における圧倒するような情動や感情は、必ずしも無意識的によって支配されていることを意味するのではなくて、むしろそれを感じている自我主体の存在を裏づけているのである。

自我の存在感は、自我が向き合うイメージとの関係においても示されている。第3章「魂に仕えることについて」において、ユングは「私は、あなたに自分をすっかり委ねなければならない」と言いつつも、「しかしあなたはいったい誰だ？」と問い返している(二四二頁／一六〇頁)。また第6章「精神の分裂」からは、地獄に落ちていくという恐ろしいイメージが展開される。第8章「神の受胎」で、ユングは「キリストが地獄にいたその三日間に何が起こったのかを誰も知らない。私はそれを経験した」(二五三頁／一九六頁)とすら述べている。しかしながら、「地獄に行く者は、地獄にもなる。それゆえに、あなたたちがどこから来たかを忘れないように」(二五四頁／一九八頁)とするように、危機的な状況に赴きながらも、自分がどこから来たかという出発点、つまり自我の定点をユングは失わないのである。

このように圧倒するようなヴィジョンの内容と、激しい情動的な反応にもかかわらず、自我の主体性は決して失われないのである。通常の見方では、ユングの見たヴィジョンや行ったアクティヴ・イマジネーションの内容が特異であったり、神話的であったりすることに焦点が当てられるかもしれない。しかし心理学的な視点からすると、自我主体の確かさが目立つのである。従って『赤の書』には、非日常的なイメージにもかかわらず、統合失調症の兆候は全く認められないとしてよいと思われる。神話的で古代的なイメージの内容にもかかわらず、むしろユングの近代人としての意識のあり方が際立っている。

「第一の書」においては、イメージが圧倒的に迫ってくるような、高揚した、悲劇的な感情が目立っているが、「第二の書」になると、イメージとの距離が取れてくるように思われる。「第二の書」の最初の方においては、赤い男、犯罪者など、いわゆる「影」を思わせる人物との出会いが目立つが、たとえば第3章の「卑俗なる者の一人」では、牢獄から出てきたばかりで、非常に貧しくて弱い男が登場する。アクティヴ・イマジネーションの中のユングはその男のディナーと宿泊代を払ってあげねばならなかった。つまりユングの方が力を持っている。角を持った巨大な神であるイズドゥバルは、自分が不死ではないことをユングに告げられて、倒れ伏して、子どものように泣く。フィレモンは、「第一の書」における預言者のエリヤのような強力で霊感のある人間ではない。

そしてエリヤでさえ「第二の書」においては、無力である。エリヤはユングを呪おうとするけれども、それに対してユングは、「あなたの呪いに力はありません。蛇を所有している者には、呪いは届きません」(三五七頁／五一二頁)と応えるのである。

イメージは「第一の書」におけるほど脅威的ではなくなり、切羽詰まった、大仰な描写は見られなくなる。それだけではなくて、イメージとの歴史的な距離が意識されるようになってきている。イメージの中の古代ローマ時代のアンモニオスという像がユングを攻撃しようとしたけれども、ユングには届かない。「彼は荒れ狂ったように飛び上がり、私に飛びかかろうとする。けれども私ははるかに離れた、二〇世紀にいる」(二八九頁／三〇四頁)。同じようにして、古代メソポタミアの強力な神であるイズドゥバルに対しても、ユングは自分が科学の世界に生きていて、古代の世界観がもはや有効ではないことをはっきりと自覚している。イメージは太古的なものであっても、ユングの意識は極めて現代的で醒めたものなのである。

そのような自我とイメージの間の力関係の変化を踏まえて、物語は真剣で悲劇的なものではなくなって、むしろコミカルなものになっていく。つまり自我の得た自由と自信のために、物語は「第一の書」におけるドラマチックな悲劇から「第二の書」ではむしろ喜劇に変化するのである。「第一の書」では、ユングは実際に狂気に陥る恐れを表明していた。「第二の書」では、ユングが夢の中で精神病院に送られていく章がある。そこでの精神科医である教授との会話は、現実的な危険性がないためかユーモラスな印象を与える。

初診のやり取りの中で、ユングは教授に言う。「でも、教授先生、私は全然病気ではありません、気分はまったく良好です」。それに対して教授は応える。「ほらごらんなさい。ねえ、君にはまだ病識がないのだよ。予後は当然、悪くて、せいぜいのところ欠陥治癒だね」(三一八頁/三九三頁)。

このように自我は『赤の書』の中で一貫して確かな位置を占めているし、それは「第二の書」において、ますます強まっていくのである。これはユングの体験が内容的には統合失調症的なものであっても、こころの構造としては正常に保たれていたということにとどまらず、ユングの心理学のスタンスにとっても示唆的である。つまりユングは内容的には神話的で古代的なものを扱っているけれども、それを捉えるこころの構造は極めて近代的なのである。

4　内面化としての神話の再生

圧倒するようなイメージの内容にもかかわらず、ユングの自我主体がクリアに保たれていて、イメージとの距離が取れていることを指摘してきた。イメージをコントロールし、同時にイメージを生かすためのもう一つの重要な近代的手段が「内面化」である。

太古的で神話的なイメージを元型的なイメージとして重視したものの、ユングは自分自身が前近代の世界に住んではいないことを自覚していたようである。たとえば『赤の書』の中でユングは、どのように太陽に対して祈ったらよいのかわからないことを告白している。「朝の祈りを忘れてはいけない。けれども私の朝の祈りはどこにあるのだろう？　親愛なる太陽よ、私には祈りがない。なぜならばは、あなたをどのように呼べばよいのか私にはわからないからだ」(二八七頁／二九七頁)。

これは神が存在せず、ユングがもはや前近代の世界に住んでいないことを示していると考えられる。なぜならば神は具体的な祈りや儀式の遂行によってのみ顕現し、その存在が確かめられるからである。たとえば『ユング自伝』に報告されている、ウガンダのエルゴン族とのユングの体験はそのよい例である。そこの人々は、太陽が昇ってくるときに特別な祈りを捧げる。ある老人の言葉では、「朝になって、太陽が昇るとき、われわれは小屋からとび出して、手に唾をはきかけ、吹きつけて、その両手を太陽に向かってさし上げるのだ」(『自伝2』九四頁)。この老人は儀式の意味について説明できず、「われわれはいつもそうやってきたのだ」と言うだけであった。このことによってユングは、この宗教的な経験は象徴的な意味によるのではなくて、共同体によって遂行される行為のみよるのだということを理解する。従って伝統に基づいた儀式や祈りなしには、神は存在しない。祈りを知らないユングは、神が喪失した世界に生きている。

神の喪失という事態に対して、「第一の書」において、ニーチェの「ツァラトゥストラ」のようなスタイルで、神の死と再生が深刻かつ文字どおりに扱われたのに対して、「第二の書」において神の死と再生は、神の「内面化」として達成させる。先にもふれた巨大な神、イズドゥバルがショックを受けて崩れ落ちた後で、ユングはイズドゥバルを運ばねばならなくなる。ユングは巨大な神を、「単なるファンタジー」にしてしまうことで、運ぶことに成功する。「根本のところでは、イズドゥバルが普通の意味ではまったく現実ではなくて、ファンタジーであることを私は確信している」(三〇二頁/三四〇頁)。ファンタジーには「空間が必要でない」ので、ユングは「難なくイズドゥバルを卵の大きさに押しつぶして、ポケットに隠す」。このようにしてユングは易々とイズドゥバルを運ぶことができ、イズドゥバルが再び卵から出てきたときには、これは神の再生と考えられるのである。

ここで、神の再生が、内面化によって可能になったことが大切である。またそれは、世界観の変化や精神病理の問題への解決になっている。「神を、見て触れることのできるものの内に、われわれの外に、そのまま置いておく限り、神は担い難く、絶望的なものである。けれども神をファンタジーにすれば、神はわれわれの中に存在することになって、担いやすい」(三〇三頁/三四五頁)。見て触れることのでき、われわれの外に存在する神とは、前近代の世界観における神であり、現代においてそれは存在しなくなっており、素朴にその存在を認めると妄想や幻覚という病的状態を意味するであろう。しかしわれわれのこころの中に内面化された神については、現代の世界観を保ち、精神病理に陥ることなく、それと関わることができる。

『赤の書』は、ユングの心理学が、神話的な内容や、前近代の世界観の中で神や超越的なものとされたものを、内面化することによって成り立っていることを示している。『心理学的タイプ論』の中で、ユングは自分の心理学のモットーとして“esse in anima”(魂の中の存在)を挙げており、それはまさに内面化の原理に他ならないのである。『赤の書』に描かれている世界は、一見すると非常に神話的で古代的な世界であるけれども、それはあくまでも個人に内面化された近代的なものなのである。

5　『赤の書』のリアリティー1　知識

『赤の書』を読むと、無意識からの自律的なイメージに圧倒される気になる。とくに曼陀羅をはじめとして、ヴィジョンやアクティヴ・イマジネーションの内容を描いた絵も収録されているために、その印象は強まる。

しかしこのようなファンタジーやイメージは、本当に無意識からの自律的なものと言えるのであろうか。ユングは、仕事においても家庭においても、通常の生活をおくりつつ、夜に書斎でアクティヴ・イマジネーションを行い、それを記録していく自己実験を行い、その結果として『赤の書』を生み出した。その意味でもそれは精神病的な危機や混乱とはほど遠いものであったと言えよう。またそれは無意識からの自律的なイメージの発生として捉えることができるのであろうか。

ギーゲリッヒは *What is Soul?* (Spring Journal Books, 2012) のなかで、第十章でも取り上げられた、ユングが自分の母親を亡くした後の不思議な体験を批判的に検討している。母の死の知らせを聞いて、ユングは夜行列車で帰宅する。ユングは深い悲しみに沈んでいた。しかし他方でユングは悲しむことはできなかった。それは「汽車に乗っている間じゅう、まるで結婚式でも行われているようなダンス音楽や、笑いは、陽気な話し声を聞きつづけていた」からであった。ユングはこれを、死というものが自我の観点からすると破局であるけれども、こころ全体から見ると、結婚であり、全体性の成就であるとして解釈している。

確かにこれは興味深い体験であるけれども、ここに知識による影響が見られるのではないかという疑念をギーゲリッヒは差しはさんでいる。つまりたとえば「諸聖人の日」の翌日にある一一月二日の「死者の日」に、お墓でピクニックするなどという習慣があり、死者との楽しい交流というのが必ずしも意外なイメージではないという知識が前もって存在していたかもしれない。母親が亡くなって悲しんでいるときに、楽しいダンス音楽が聞こえてくるのは不思議なようではあるけれども、それはあらかじめ存在する知識によって作り出されている可能性があるというのである。

同じような可能性は、『赤の書』についても指摘できると思われる。つまり『赤の書』は自発的なイメージの結果とも、イメージを研究した知識の披露とも考えられるのである。すでに『リビドーの変容と象徴』が、類似する神話的表象を並べていくことによってイメージの本質に迫るという拡充法に基づいており、ユングの研究した膨大な神話イメージの知識が示されている。『赤の書』を読むと、多くのユングの著作において扱われているイメージが、ユング自身によって体験されていることにまず驚かされる。しかしこれも逆に捉えることが可能である。つまり『赤の書』を執筆したときの様々なイメージの体験が元になってユングの研究や著作が生み出されてきたとも考えられるし、逆にユングの知識や研究に基づいて『赤の書』における体験が生み出されたとも捉えることができるのである。

すでに指摘したように、一九〇〇年から一九一四年にかけては、様々な人文科学、芸術において、すでに失われたり、あるいは失われようとしていたりする前近代の世界の再生産や再構築が行われたと考えられる。するとそれらのイメージは、内容的には以前のものと同じであったり、類似していたりしても、その意識の構えは異なるのではないかと思われる。そこにはどうしても知識による構成が関与していると考えられるのである。

6　『赤の書』のリアリティー2　身体と生け贄

このように『赤の書』は、一見したところの印象とは異なって、かなり意識的に構成された作品であると考えられ、象徴的な内容にもそれほどもリアリティーはないかもしれない。大部分のイメージに、ややリアリティーと迫力が欠けているような印象が否めないのはそのためであるかもしれない。

その中でリアリティーを感じさせるのが、身体と生け贄が関連してくるシーンである。たとえば、「第二の書」の第13章「生け贄の殺害」には、女の人に、子どもの体から肝臓を取り出して食べるように言われるところがある。

「私は石の間に跪き、肝臓から一片を切り取って口に入れた。私の内臓は喉から吐き出されそうで――目から涙が溢れる――額には冷や汗がにじむ――まずい、やや甘味のある血の味がする――必死の努力で呑み込もうとする――うまくいかない――もう一度、もう一度と試してみる――私はほとんど気を失わんばかりになる――ついにできた。恐るべきことは、成し遂げられた」(三一二頁/三七四頁)

もう一つ生け贄の例を挙げておく。それは第九章で取り上げた錬金術師のゾシモスのヴィジョンを思い起こさせるような、自己解体のシーンである。ユングはブドウ圧搾機を使って、自分自身を踏みつぶしていく。

「私はただ一人で圧搾機を踏んだ。誰一人一緒にいない。私は怒りにまかせて自らを踏みつけ、憤りをもって踏み砕いた。それゆえ、私の衣は血を浴び、私は衣服を汚した。なぜならば私は復讐の日を心に定めていて、自分を救済する年が訪れたからである」(三二五頁／四一四頁)

これらの光景はおぞましいけれども、様々な象徴によって表現されているものよりもリアルで作り物感が少ない。それらは、村上春樹の小説を思い起こさせる。たとえば『ねじまき鳥クロニクル』では、モンゴルでの生きたまま皮を剝ぐシーンがある。『海辺のカフカ』においては、カフカ少年の父親であるかもしれないジョニー・ウォーカーが、猫の心臓を取り出して、食べて、それから頭を切り落とさねばならない。これらの行為は残酷で倒錯したものではなくて、儀式的な意味があるという印象を与える。拙著『村上春樹の「物語」』で指摘したが、村上春樹の小説がポピュラーなのは、そのような暴力的なシーンが、現代の日本人のこころに訴えかけるものがあるからであろう。そして日本だけでなくて、現代の世界では一般的に、神話的なものや超越的なものはもはや儀式や象徴を通じてではなくて、直接的な暴力や性を通じてしか現れてこないかもしれないのである。

またユングの『赤の書』が、自我の強調、内面化などによって、意外に近代意識の特徴を示しているのに対して、この身体と生け贄に関わるところは、それを超す可能性を示しているとも考えられ、ある意味でポストモダン的であるとも言えよう。

7 インターフェイスと死者

『赤の書』は、一九一五年に「第一の書」と「第二の書」で完結していた。しかし一九一六年に、第五章で述べたようにユングの自宅玄関の呼び鈴が止まらなくなり、家中に霊が満ちるという不思議なことが起こる。それを元に書かれたのが『死者への七つの語らい』で、これは自費出版され、後に『ユング自伝』に付録として収録された。そしてユングは一九一七年に、一九一三年四月から一九一六年に至るまでのことを、『死者への七つの語らい』も取り入れて、「試練」として書く。これが今回の『赤の書』の出版に際して、いわば第三部として組み入れられたのである。だから元々は『赤の書』に含まれていなかったこの「試練」を『赤の書』に入れることについては、多少議論が分かれるところがあるかもしれない。しかし精神的危機を発端とする一連の体験を表現したものとしては、この「試練」も加えて一つのまとまりをなすと考えられる。

これは救いを見出すことができなかった死者たちがエルサレムから戻ってきて、それに対してフィレモンが説教をする形になっている。しかし元々の記録である日記の『黒の書』においては、ユング自身が死者たちに説教したのであり、自費出版された『死者への七つの語らい』では、グノーシス主義者のバシリデスが、死者たちに説教をする形を取っている。従って帰還してきた死者たちにユングが語りかけたというのが、元々の体験であったと考えられる。

これには、第一次世界大戦という未曾有の大量殺戮による死者たちの鎮魂という問題が関係していると思われる。「試練」は死者たちの鎮魂の試みなのである。それと同時に、これは近代意識の超克を目指したものでもある。内面化し、個人で完結した近代意識にとって、死者の魂は存在しない。もしも死者の魂として夢やイメージに現れてきたとしたら、それは深い無意識の表象として解釈される。しかし『赤の書』では、心理学的な注釈の部分においてさえ、一度も無意識という言葉が用いられていないのは注目に値する。ユングは、夢やイメージが単なる個人における内面ではなくて、いわばインターフェイスとして身体や死につながる側面があることを感じていたのではなかろうか。「試練」はそれを表現したものであると思われる。

しかしこれは、魂や死者の魂の存在を素朴に信じていた前近代の世界観に回帰するものではない。前近代の世界では、祖霊が見守り、教えてくれるのに対して、ここではフィレモン、つまりユングが死者たちに教えており、立場が逆転している。さらには前近代の世界では、儀式や象徴によって死や死者とつながっていたのに対して、ここでは言葉や哲学が手段となっている。説教は次のような言葉ではじまる。「聞け。私は無から説き起こそう。無は充溢と等しい。無限の中では、一杯なのは空と同じだ。無は空であり一杯である。無について……」(三八七頁／五九二頁)。

このようにユングの『赤の書』は、前近代の世界観をあくまでも近代意識の中に収めようとした側面と、身体における体験や死へのインターフェイスなどを通して、さらに超えていこうとした側面があると考えられ、それはわれわれにとって今なお重要なヒントを与えてくれるかもしれないのである。また身体や死とインターフェイスしていくあり方は、たとえば『ねじまき鳥クロニクル』における「壁ぬけ」のシーンのように、夢とも現実ともつかない場面をしばしば小説で描いている村上春樹の世界との共通点も感じさせてくれるのである。イメージや夢を内面的なものでなくて、現実や死者につながるインターフェイス的なものとして考えていたのは南方熊楠もそうである。このようなところから、ユングの新しい理解をもたらし、ひいては現代のこころの探求についての貢献を行うことが可能であるように思われるのである。

本書は長らく絶版になっていたが、四六歳で夭折された哲学者の池田晶子さんが高く評価していたことを指摘して、岩波現代文庫版からの復刊を勧めていただいたのは若松英輔さんである。復刊にあたっては、岩波現代文庫編集部の佐藤司さんにお世話になった。記してお二人に感謝するとともに、本書の復刊を死者となった池田晶子さんに捧げたい。『仏教』に掲載された一度だけの対談であったが、その印象は未だに筆者に鮮明に残っている。

本書は一九九八年四月講談社より「現代思想の冒険者たち」シリーズの一冊として刊行された。文庫化にあたり、全体に最小限の加筆修正をおこない、「ユング『赤の書』以後――文庫版への補遺」を付加した。

岩波現代文庫の発足に際して

新しい世紀が目前に迫っている。しかし二〇世紀は、戦争、貧困、差別と抑圧、民族間の憎悪等に対して本質的な解決策を見いだすことができなかったばかりか、文明の名による自然破壊は人類の存続を脅かすまでに拡大した。一方、第二次大戦後より半世紀余の間、ひたすら追い求めてきた物質的豊かさが必ずしも真の幸福に直結せず、むしろ社会のありかたを歪め、人間精神の荒廃をもたらすという逆説を、われわれは人類史上はじめて痛切に体験した。

それゆえ先人たちが第二次世界大戦後の諸問題といかに取り組み、思考し、解決を模索したかの軌跡を読みとくことは、今日の緊急の課題であるにとどまらず、将来にわたって必須の知的営為となるはずである。幸いわれわれの前には、この時代の様ざまな葛藤から生まれた、人文、社会、自然諸科学をはじめ、文学作品、ヒューマン・ドキュメントにいたる広範な分野のすぐれた成果の蓄積が存在する。

岩波現代文庫は、これらの学問的、文芸的な達成を、日本人の思索に切実な影響を与えた諸外国の著作とともに、厳選して収録し、次代に手渡していこうという目的をもって発刊される。いまや、次々に生起する大小の悲喜劇に対してわれわれは傍観者であることは許されない。一人ひとりが生活と思想を再構築すべき時である。

岩波現代文庫は、戦後日本人の知的自叙伝ともいうべき書物群であり、現状に甘んずることなく困難な事態に正対して、持続的に思考し、未来を拓こうとする同時代人の糧となるであろう。

（二〇〇〇年一月）

ユング　魂の現実性《リアリティー》

2015年9月16日　第1刷発行

著　者　河合俊雄《かわいとしお》

発行者　岡本　厚

発行所　株式会社　岩波書店
〒101-8002 東京都千代田区一ツ橋2-5-5

案内 03-5210-4000　販売部 03-5210-4111
現代文庫編集部 03-5210-4136
http://www.iwanami.co.jp/

印刷・精興社　製本・中永製本

ISBN 978-4-00-600330-2　　Printed in Japan

索　引

・本文に登場する人名・書名・事項を一括して，五十音順に配列した．
・自我，魂，無意識，夢，ユング心理学，リアリティーなどの項目は頻出するので省いた．
・『　』は書名・雑誌名，「　」は論文名・講演名等を示す．

ア 行

サ 行

タ 行

ナ 行

ハ 行

マ 行

ヤ 行

ラ 行

アルファベット